DU BILAN DE COMPÉTENCES
À LA RÉALISATION DE SOI

Étude de cas pratiques

Liliane HELT

DU BILAN DE COMPÉTENCES À LA RÉALISATION DE SOI
Étude de cas pratiques

Maquette : RédacNet - www.redacnet.com
Illustrations : Internet - Pixabay
Tous droits réservés

Sommaire

Dédicace

Je dédicace ce manuscrit à mes filles, Nathalie, Stéphanie et Jessica. L'amour que je leur porte m'a permis de m'améliorer au quotidien et d'accueillir d'autres manières de penser. En me donnant la peine de lire leur carte du monde, j'ai élargi et enrichi la mienne.

Aussi, j'aimerais rendre hommage à mon mari, à ma famille, et à toutes les personnes qui ont contribué à celle que je suis. Vos encouragements m'ont aidée à me dépasser.

C'est dans les interactions avec autrui que l'on s'enrichit et se construit. Si aujourd'hui je ne cesse de chercher à améliorer mes pratiques et à progresser dans mon domaine, c'est pour aider mon prochain, ces inconnus qui croisent ma route chaque jour.

Par ce manuscrit, je souhaitais partager mes connaissances avec vous. J'espère qu'il saura vous interpeller, pour que nous puissions créer ensemble une autre façon de penser le bilan, et aller encore plus loin dans les outils d'aide à l'autre.

Construire un monde meilleur commence par la construction de soi, un soi plus généreux et attentif aux autres. C'est ce soi-là que je cultive au quotidien, et que je veux refléter dans mon manuscrit.

En rédigeant, j'ai pris énormément de plaisir à dialoguer avec vous. J'espère que vous en prendrez autant à me lire et à appliquer certaines de mes astuces. Bonne lecture !

« L'ouvrage a toujours l'air facile
quand le travail est un plaisir. »
Cardinal de Bernis

Avant-Propos

Cet ouvrage sera destiné à toute personne exerçant le métier de conseiller en bilan de compétences ou en évolution de carrière. Il sera un guide idéal pour une vision plus éclairée de la notion de projet.

Au-delà des frontières du bilan, se cache souvent un gouffre que les professionnels ont par moments des difficultés à comprendre. Il serait exagéré de considérer le bilan comme le début d'une longue thérapie, mais en réalité, il est souvent le déclencheur d'une fervente envie de changement ou de dépassement de soi.

Les consultants avertis parviendront facilement à accompagner les candidats vers un nouvel horizon tout en préparant le terrain, alors que ceux qui considèrent le bilan comme une simple identification de compétences resteront à la périphérie de l'essentiel.

Cet ouvrage a, donc, pour but d'illustrer des méthodes théoriques à travers l'analyse de cas pratiques.

Je m'adresserai aux lecteurs avec mes vingt années d'expérience, en faisant ma propre critique pour servir de modèle à mes confrères et leur permettre de réussir à éviter certaines situations houleuses. Je me servirai également des cas pratiques pour les aider à diagnostiquer la demande et identifier la problématique qui est souvent sous-jacente.

Les origines du bilan et son impact sur la vie professionnelle

« Vous devez être le changement que vous voulez voir dans ce monde. »
Gandhi

1.
Genèse, évolution et alternatives

a. Qu'est-ce que le bilan de compétences ?

À l'origine de toute forme d'aide à l'orientation et à la réalisation d'un projet professionnel, le bilan de compétences nous est parvenu des États-Unis dans les années soixante.

Mis en place par l'armée américaine après la seconde guerre mondiale, pour préparer les militaires au retour à la vie civile, il sera imité vingt ans plus tard par la France.

À l'aube du développement de la sidérurgie, pour gérer le potentiel des agriculteurs lors de leur migration vers la ville, les industriels s'en servent comme outil de recrutement.

Depuis, la loi a été enrichie par plusieurs textes, notamment l'arrêté du 27 octobre 1992, définissant les conventions types pour la réalisation du bilan de compétences (Therry, 2015, p. 2).

Par la suite, la circulaire du 19 mars 1993, publiée par la Délégation à la formation professionnelle, déclarera la responsabilité de l'État dans la régularisation de l'activité des organismes prestataires, ainsi que l'organisation des prestations pour les demandeurs d'emploi (Joras, 2007, p. 107).

Ainsi, selon le rapport du COPANEF (Comité paritaire interprofessionnel national pour l'emploi et la formation) :
« À l'issue du bilan de compétences, un travailleur doit donc avoir clairement identifié ses compétences professionnelles et personnelles susceptibles d'être investies dans des situations professionnelles déterminées, et donc se trouver en mesure de définir ou de confirmer son projet professionnel. » (Therry, 2015, p. 6)

De ce fait, et selon l'article R. 6322-35 du Code du travail, le bilan de compétences s'articule en 3 phases qui doivent être respectées consécutivement par les prestataires du bilan :

1. Phase préliminaire :
- S'assurer de l'engagement du candidat.
- Procéder à une analyse de la demande et la nature de ses besoins.
- Informer le bénéficiaire du déroulement du bilan et des méthodes et techniques mises à sa disposition.

2. Phase d'investigation :
- Analyser le profil du bénéficiaire ainsi que ses intérêts et motivations.
- Identifier ses compétences et aptitudes professionnelles et personnelles.
- Mesurer ses possibilités d'évolution professionnelle.

3. Phase de conclusion :
- Prendre connaissance des résultats détaillés des investigations.
- Recenser les facteurs susceptibles de favoriser ou non la réalisation d'un projet professionnel, et le cas échéant d'un projet de formation.
- Prévoir les principales étapes de la mise en œuvre de ce projet.

Ayant été considéré par la DFPT comme une démarche privilégiée pour chaque salarié ou demandeur d'emploi, le bilan de compétences doit permettre de construire un projet professionnel porteur d'évolution, et assurant une meilleure adéquation entre l'offre et la demande en matière de formation. Cette démarche entraîne souvent l'amélioration des relations entre un salarié et ses supérieurs hiérarchiques, car elle peut déboucher sur la négociation d'une évolution ou d'un départ en formation.

La délégation pour la formation professionnelle se fixe pour mission de fournir aux prestataires du bilan de compétences des référentiels techniques méthodologiques et déontologiques. La finalité étant de réguler le marché des bilans de compétences, de faire évoluer les dispositifs et de professionnaliser les opérateurs, cela se traduit par l'habilitation des centres prestataires, la création des corps d'experts et l'intervention des auditeurs spécifiques.

Ayant progressé depuis, le bilan de compétences a connu plusieurs déclinaisons au fil du temps, de l'accompagnement au projet professionnel aux évaluations des compétences, puis les prestations d'objectif projet, et le coaching de transition.

En 2014, des prestations dites « d'amélioration » ou « d'adaptabilité » du bilan de compétences aux besoins du marché de l'emploi sont mises en place, tels que le conseil en évolution professionnelle ou le bilan modulaire.

Au-delà des 50 000 bilans de compétences réalisés annuellement, et malgré la volonté apparente de l'État d'en faire un outil incontournable de gestion et d'évolution de carrière, mis à la disposition des salariés et de leurs hiérarchies, ce dernier est resté un sujet tabou pour les directeurs des ressources humaines et leurs salariés. Pour les uns, par crainte d'une prise de conscience de la part du salarié, au risque de négocier au prix fort ses compétences ; et pour les autres, par angoisse de découvrir des lacunes latentes ou des incompatibilités avec le poste, ou tout simplement par appréhension du changement.

Il m'a souvent été rapporté par les candidats en bilan de compétences, les témoignages de leur angoisse avant de me contacter. Certaines personnes m'ont, en effet, avoué avoir mis trois ans pour oser décrocher le téléphone et prendre un rendez-vous. Il m'arrive aussi de recevoir des appels de responsables en ressources humaines me demandant si le désir du salarié d'effectuer un bilan de compétences émane d'une volonté de quitter l'entreprise. Tenue par le secret professionnel, cette question reste sans réponse.

b. Le CEP, un successeur redoutable

Créé dans le cadre de la réforme de la formation professionnelle, le Conseil en évolution professionnelle (CEP) a été mis en place par la loi du 5 mars 2014. Il est considéré comme un moyen d'aide à la réflexion sur le projet professionnel.

Les objectifs à travers cette loi étant « *d'affronter l'urgence en se dotant au plus vite des outils les mieux adaptés dans la bataille pour le développement des compétences, et préparer l'avenir en réformant les éléments fondamentaux de notre démocratie sociale, pour la rendre plus forte, plus vivante, plus légitime ». (Therry, 2015, p. 2)*

À travers cette loi, les partenaires sociaux ont pour objectifs d'améliorer la qualité du bilan de compétences, de favoriser la bonne articulation des prestations, et de redéfinir les modalités de réalisation.

Il a été convenu que le Conseil en évolution professionnelle, sera assuré par les conseillers de cinq organismes habilités à délivrer le CEP : Pôle emploi, l'Association pour l'emploi des cadres (APEC), les missions locales, les OPACIF regroupés et nommés OPCO suite à la réforme de 2018, et le CAP emploi pour les personnes en situation de handicap.

Il est accessible aux :

- Personnes en recherche d'emploi.
- Salariés du secteur privé.
- Travailleurs indépendants.
- Artisans.
- Professions libérales.
- Autoentrepreneurs.
- Salariés du secteur public.

Tout salarié peut, donc, de sa propre initiative et sans demander l'accord de son employeur, bénéficier d'un CEP en prenant rendez-vous de préférence avec un conseiller de l'APEC s'il est cadre, ou d'un OPCO ou l'un des organismes cités ci-dessus, dans les autres cas.

D'après l'arrêté du 16 juillet 2014, l'offre de services du Conseil en évolution professionnelle s'organise en trois niveaux :

- 1. Un accueil individualisé.
- 2. Un conseil personnalisé.
- 3. Un accompagnement à la mise en œuvre du projet professionnel.

Ces trois phases n'ont pas pour vocation d'être mises en œuvre systématiquement, mais elles doivent s'articuler en fonction des besoins et selon le projet du candidat et son degré de maturation.

De plus, le CEP est encadré par l'État, de telle manière que :

« *L'offre de services du conseil en évolution professionnelle est délivrée par les opérateurs CEP, ces opérateurs peuvent recourir à des prestations externes en appui du processus de définition et de remise en œuvre du projet d'évolution professionnelle (exemple : le bilan de compétences ou encore les prestations d'accompagnement, d'information et de conseil dispensées aux créateurs ou repreneurs d'entreprises, (prévus à l'article 6323-1 du code du travail)* » *(Therry, 2015, p. 3)*.

S'inscrivant dans une démarche gratuite et à la seule initiative du salarié, le CEP accélère la motivation de toute personne ayant besoin d'information sur son parcours professionnel.

Le CEP peut encourager la démarche du bilan de compétences pour toute personne ayant un besoin d'approfondir ses recherches sur soi ou sur un projet professionnel viable.

Il a été mentionné par le groupe de travail paritaire que les conseillers du Fongecif peuvent le recommander dès qu'ils en ressentent le besoin. Étant constitué comme le bilan de compétences de trois niveaux, l'accent a été mis sur une similitude qui se situe au niveau 2 et se traduit sous forme d'un conseil personnalisé.

C'est initialement à ce stade que se situe l'articulation principale entre ce dispositif et le bilan de compétences. Mais le groupe de travail du COPANEF, mentionne qu'il y a également une « *insuffisance de passerelle et de synergie entre le bilan de compétences et d'autres actions mobilisables (formation, VAE, entretien professionnel...)* » *(Therry, 2015, p. 11)*, raison pour laquelle le groupe défend la viabilité du bilan de compétences et œuvre dans le sens où ce dernier doit être incontournable.

c. Un bilan de compétences irremplaçable

Après une étude comparative entre le CEP et le bilan de compétences, les membres du groupe paritaire mentionnent que le bilan de compétences doit être considéré comme une démarche irremplaçable, à laquelle le CEP ne peut pas se substituer, dans la mesure où :

« - Il favorise un processus de reprise de confiance en soi, d'estime de soi.
- Il permet, après clarification de la stratégie personnelle, de préciser, confirmer, consolider un projet professionnel voire en changer.
- Il permet à la personne de faire émerger, de mettre en évidence ce qu'elle « ne sait pas qu'elle sait ». (Therry, 2015, p. 12)

Au-delà de son aspect indispensable, le comité a voulu mettre l'accent sur l'articulation du bilan avec, d'une part, le CEP, la validation des acquis, et le passeport-orientation-formation, et d'autre part avec l'approche qualité, en renforçant l'homogénéité de la réalisation du bilan, quel qu'en soit le prestataire.

En dehors des 5 à 6 heures de conseil consacrés dans le cadre du CEP, face à 24 h pour le bilan, ce dernier offre une analyse approfondie qui est estimée utile en fonction de l'avancement du projet.

Réalisé à l'initiative du salarié et mobilisable lors de l'entretien professionnel, le bilan de compétences s'inscrit dans la continuité du CEP. Le conseiller en bilan s'appuie, notamment au niveau II, sur les indicateurs identifiés lors de l'accompagnement projet pour optimiser le déroulement. De ce fait, le CEP est considéré comme une offre de service « associée » au bilan, qui permet aux conseillers durant les accompagnements de souvent continuer à proposer le bilan. En effet, plusieurs situations peuvent amener le conseiller en évolution professionnelle à préconiser le bilan de compétences lors du deuxième entretien, s'il a constaté, à titre d'exemple, un manque d'autonomie, une absence de projet ou un doute sur la validité de ce dernier, ou encore une perte de sens ou un mal-être au travail.

Le bilan de compétences, en offrant à la personne la possibilité d'une introspection guidée, permet de répondre à toutes ces questions et de se projeter à long terme. De la sorte, il intervient d'une manière pertinente dans la mobilité, la Gestion prévisionnelle des emplois et des compétences (GPEC), ou bien en période de reclassement. (Therry, 2015, p. 15)

d. Le bilan modulaire (ou personnalisation du bilan de compétences)

Considéré comme une approche innovante instaurée par la réforme pour répondre à des besoins particuliers, le bilan modulaire a été soumis à une période d'expérimentation qui s'est déclenchée par le Fongecif - Pays de la Loire en 2015, et s'est étendue jusqu'en Île-de-France en 2016. Ainsi, la majorité des organismes collecteurs des fonds de formation proposent aux centres de bilan de compétences, en deçà d'une démarche classique d'accréditation, de présenter des offres de services pour les bilans de compétences modulaires.

La modularité peut être préconisée dans certains cas telles que la création d'entreprise ou des situations de handicap, mais aussi en fonction de l'autonomie des candidats et de l'avancement de leurs projets. Les conseillers CEP s'appuient sur ces informations pour proposer des amplitudes d'heures qui varient entre 10 et 24 h.

e. La démarche qualité

Au regard de la démarche qualité, le groupe de travail du COPANEF propose de moderniser les objectifs du bilan de compétences en lien avec des besoins actuels plus en adéquation avec la société d'aujourd'hui. Il s'agit de les séquencer en quatre grandes catégories :

- Les **objectifs « opérationnels »**, qui s'inscrivent dans la continuité du parcours historique du bilan de compétences et qui aboutissent indéniablement à la définition d'un projet et à la mise en place d'un plan d'action.

- Les **objectifs « institutionnels »**, qui se veulent le témoignage d'une expérience professionnelle et la formalisation de compétences en lien avec un processus éventuel de VAE.

- Les **objectifs « psychologiques »**, qui amènent la personne à faire un travail sur elle-même et aboutissent à une amélioration de son estime de soi.

- *Les objectifs « éducatifs »*, qui ont une mission pédagogique, dans le sens où ils doivent rendre la personne autonome face à sa capacité à développer ses compétences avec une pérennité de ses effets dans le temps.

La majeure partie de cet ouvrage se base sur l'aspect psychologique que le comité évoque en mettant l'accent sur son importance et son impact sur la réussite du projet. Face à une société en grande souffrance, la notion psychologique devient, de façon tangible, la part la plus importante dans un bilan.

Dans une vision plus qualitative, le groupe souhaite instaurer un système national d'identification des résultats des bilans de compétences normalisés, qui dépassera l'analyse de la satisfaction des candidats et qui sera pris en charge par le groupe AFNOR. (Therry, 2015, p. 15-16)

Face à toutes les modifications qualitatives auxquelles se soumet le bilan de compétences, et dans le cadre de la montée du CEP pour répondre à des exigences quantitatives, l'avenir du bilan de compétences et de ses opérateurs reste incertain durant cette phase d'expérimentation qui a pris effet début 2015.

La question se pose pour le groupe de travail, au regard de la préservation d'un savoir-faire pour la mise en place de cette prestation complexe. Il préconise qu'un suivi statistique soit fait sous l'autorité de l'État (DARES), plus pertinent que celui effectué par l'analyse des comptes rendus statistiques et financiers.

En dehors des difficultés énoncées et des changements par lesquels passe le bilan de compétences, nous avons la confirmation qu'il est toujours présent sous différentes formes. Il sert de base aux outils d'orientation et il exige une très forte adaptabilité de la part des conseillers en bilan.

f. Le rôle social du bilan de compétences

À une époque où la crise économique bat son plein, où les industries délocalisent et le chômage atteint un chiffre record en France, plus que jamais les actifs craignent pour leur avenir professionnel et sont en quête identitaire. Ainsi, le rôle du conseiller en orientation professionnelle et personnelle s'inscrit dans une démarche vocationnelle qui l'incite à être vigilant quant à ses pratiques face à un mal-être général.

Au-delà de son aspect purement pratique, le bilan touche à l'humain et requiert une grande part de psychologie. En conséquence, derrière différents types de demandes formulées par les sujets, comme faire le point ou se reconvertir professionnellement, se cache souvent un réel besoin d'aide, d'écoute, et de soutien, plus inhérent et non énoncé spontanément. Cela exige donc de chaque consultant d'avoir un élan vers autrui, une empathie, une écoute et une analyse exemplaire de la demande sous-jacente : que veut dire le sujet quand il *dit* ?

Étant donné que le bilan de compétences est souvent un premier pas vers la découverte de soi et une démarche de développement personnel, il nécessite que l'accompagnateur puisse déterminer si c'est une réelle demande de bilan, ou bien intrinsèquement le souhait d'une thérapie. Il arrive que le candidat, inconsciemment, espère du consultant des réponses ou des solutions miracles à ses questionnements les plus intimes.

En dehors de la posture d'expert, telle que mentionnée plus haut, il reste judicieux en tant qu'intervenant d'avoir un minimum de connaissances en psychologie, ce qui permettra de détecter un problème sous-jacent qui ne relève pas de ses compétences, qui lui évitera d'inscrire le cas dans une démarche de bilan. La personne écoutée et ayant le sentiment d'être comprise peut nouer avec le praticien une relation de confiance, et faire preuve d'un lâcher-prise utile pendant le bilan. Ce qui fait de l'analyse de la demande une étape primordiale, celle qui détermine la faisabilité ou non du bilan, permet d'établir une alliance et de choisir l'approche de bilan la plus appropriée.

En ce sens, la pertinence de l'approche appliquée dépend également des qualités relationnelles, qui restent un dénominateur commun au métier. D'après Jacques Aubret (2001, p. 141), le bilan de compétences ne peut être une simple identification des compétences. Il doit d'abord s'inscrire « *comme une marque d'engagement de la collectivité dans la gestion des relations de l'homme au travail, dans la mesure où par le travail se joue l'intégration sociale des membres qui la constituent* ».

D'ailleurs, avec du recul, nous pouvons constater une faille à ce sujet, puisque malgré le cadre réglementaire, les pratiques des bilans d'orientation professionnelle restent libres quant à l'approche utilisée par les intervenants, qui eux-mêmes sont d'origines hétéroclites et, en majorité, coachs, psychologues ou issus des ressources humaines.

Pour avoir interrogé un nombre considérable de confrères, je peux constater que leurs méthodes s'appuient sur des approches difficilement identifiables de manière concrète.

Or, selon André Chauvet (1997), il n'existe pas de pratique pertinente sans modèle théorique qui les fonde. D'où l'importance de connaître les différentes approches pour s'approprier celle qui convient le mieux à l'analyse de la demande de la personne accompagnée et à la personnalité du conseiller pour normaliser ses interventions.

2.
Le bilan de compétences
selon différentes approches

Nombreuses sont les approches qui ont influencé les pratiques des professionnels de l'orientation. La liste est longue, mais ne peut être exhaustive. Toutefois, nous allons en aborder quelques-unes, et approfondir certaines qui ont inspiré mes pratiques tout au long de ma carrière. En précisant, à titre indicatif, que toutes les approches répondent à une même déontologie et laissent un large choix aux bénéficiaires et à leurs accompagnateurs, qui malgré leurs différents antécédents, ont l'objectif commun de répondre à des problématiques diverses grâce au bilan.

Cependant, je voudrais souligner qu'il était difficile au début de ma carrière de donner une teinte particulière à ma méthode, raison pour laquelle j'ai mis un certain temps à identifier l'approche humaniste comme base commune à toutes mes interventions, agrémentée souvent d'autres approches lorsqu'il m'était pertinent de le faire.

Au-delà du cadre classique et des méthodes d'orientation qui proposent aux jeunes et aux professionnels un choix assez large de métiers en mettant à leur disposition les outils nécessaires pour mener à bien leurs recherches, nombreuses sont les approches qui sont utilisées par les professionnels de l'orientation, toutes inspirées par la psychopathologie.

En s'appuyant sur les recherches menées à ce sujet, je recense cinq grandes approches qui inspirent couramment les pratiques des intervenants et se distinguent de la manière suivante :

a. Approche psychométrique

Issue de la psychologie du travail et de la psychologie différentielle et quantitative, elle a pour vocation de mesurer les dimensions de personnalité et de motivation de l'individu en milieu de travail. Toutefois, les tests de personnalité ont pour objectif de mesurer : *« les performances et l'efficience physique, les habilités motrices et psychomotrices, l'intelligence et les aptitudes cognitives de l'homme au travail » (Aubret, Blanchard, 2005, p. 45)*, dans une perspective de diagnostic, tandis que les questionnaires de motivation et d'intérêts professionnels ont pour but *« de découvrir le mode de fonctionnement de l'intéressé sous l'angle du rapport qu'il a lui-même, au travail et à ses semblables. » (Aubret, Blanchard, 2005, p. 91)*.

L'intérêt final de ce type d'approche réside quant à lui dans l'art et la manière de l'intervenant à interpréter les résultats et à en faire un objet d'échange entre lui et la personne concernée. Un débriefing consiste à faire part d'un constat, mais aussi à recueillir le point de vue de la personne sur les résultats obtenus. L'effet miroir des tests peut être révélateur d'incohérences, ou d'un conflit de personnalité entre ce que la personne est et ce qu'elle souhaiterait devenir réellement. Il s'agit alors d'une occasion à saisir par l'intervenant pour éclaircir les zones d'ombre, et révéler la réalité au grand jour.

Ce que les auteurs considèrent comme une approche reste à mon avis un des outils de mesure et de comparaison. En effet, malgré les progrès et la pertinence des tests, il reste difficile de faire un bilan professionnel en s'appuyant simplement sur des évaluations. Ce qui rentre en ligne de compte, c'est la volonté de l'individu de s'impliquer dans cette démarche, et d'alimenter l'intervenant avec des données utiles à son projet. D'où l'importance de la mise en confiance et de la qualité relationnelle entre les deux protagonistes. Ce qui rend l'alliance longuement recommandée par Carl Rogers, un premier pas vers la mise en confiance et la réussite d'un bilan.

b. Approche éducative ADVP

Ayant vu le jour au Québec, l'approche de l'Activation du développement vocationnel et personnel (ADVP) s'inspire de l'approche de Carl Rogers, elle est motivée par le développement personnel pour aider à la construction des projets personnels et professionnels. Elle s'appuie principalement sur les travaux de Ginzberg (1951), Super (1963), et Guilford (1967), et elle s'articule autour de 4 grands axes constituant quatre étapes bien identifiées :

- ### *La phase d'exploration*

Mise au point pour permettre au sujet de se découvrir et de prendre conscience de ses centres d'intérêt et de ses valeurs, elle permet à chaque personne qui s'implique dans une démarche d'orientation professionnelle de se projeter dans son environnement familial et économique et d'analyser leur impact sur ses choix professionnels. À travers cette quête sur soi et sur le monde qui l'entoure, le sujet peut identifier ses compétences et la valeur attribuée au travail dans son équilibre physique et psychologique.

- ### *La phase de cristallisation*

Elle consiste à analyser les pistes d'orientation possibles dégagées dans la première phase. Les protagonistes vont donc se centrer ensuite sur les projets professionnels possibles, en lien avec les critères étudiés précédemment. Ils analysent ensemble

29

une liste de différents métiers qui sont susceptibles de répondre aux intérêts, valeurs et motivations du sujet.

En dehors de l'attirance subjective vers certains types de métier, il est pertinent d'explorer avec le sujet le contenu réel de chaque profession retenue, et d'analyser les représentations qu'il en a. Il est très souvent surprenant de constater l'écart entre le métier imaginaire que la personne s'est créé et la réalité du terrain.

- ***La phase de spécification***

Chaque idée retenue mérite d'être passée au peigne fin pour ne rien laisser au hasard. Il s'agit de rassembler toutes les informations utiles, afin de faire des choix parmi toutes les idées retenues durant les étapes précédentes. Les critères restent propres à chaque personne en tenant compte également des contraintes extérieures : l'accessibilité du métier, le marché du travail, son environnement familial, ses besoins financiers, etc.

Les enjeux de cette phase se tissent lors des interactions entre les intérêts de l'accompagnateur et ceux de la personne accompagnée. Souvent, des collaborateurs témoignent de ne pas comprendre les choix opérés par l'intéressé, puisqu'ils prévoyaient pour lui un tout autre projet. L'erreur se niche dans la projection que tout un chacun peut faire en confondant ses propres besoins avec les besoins d'autrui. D'où l'intérêt pour les professionnels de l'orientation de prendre du recul et de garder suffisamment leur distance afin d'éviter les dérapages.

- ***La phase de réalisation***

C'est le moment d'agir pour atteindre l'objectif fixé, il s'agit là de passer de l'idée au projet. Dans la plupart des cas, le sentiment d'efficacité est atteint, le sujet n'est plus dans la réflexion mais plutôt dans l'action, il est dans une phase dynamique où il se lance, s'engage, fait des démarches, suit des procédures, planifie des actions, et conçoit éventuellement des stratégies de rechange. Il ne subit plus une situation désagréable, mais devient le propre acteur de sa vie personnelle et professionnelle.

J'ai souvent constaté des changements qui s'opèrent au niveau de l'apparence et même des attitudes, comme si une confiance en soi autrefois perdue est devenue soudainement évidente. En principe, une prise de conscience d'un potentiel endormi par des influences extérieures s'éveille d'un coup en éliminant les obstacles. Ainsi, pour Joëlle Espinosa (2013), *« Au-delà du choix professionnel à court terme, l'ADVP aide les personnes à donner plus de sens à leur vie, à se situer dans le monde social »*.

En résumé, l'ADVP concerne trois grandes thématiques à partir desquelles seront développées les situations d'apprentissage :

1. La connaissance de soi.
2. Le mode d'interaction de l'individu avec son entourage.
3. Le lien qu'il tisse avec le fonctionnement sociétal et scolaire.

c. Approche systémique selon l'école de Palo-Alto

Cette approche est centrée sur l'observation et l'auto-observation des démarches intellectuelles utilisées dans la résolution de problèmes.

Mise au point par Watzlawick au sein de l'école de Palo Alto, la particularité de l'approche systémique se distingue par sa façon de comprendre les relations humaines en les reliant à leur environnement. Elle analyse dans sa démarche comment agit la personne en interaction avec son entourage. Étant donné que depuis toujours l'homme s'inspire de son cadre familial et sociétal pour grandir personnellement et professionnellement, son comportement peut être considéré comme acceptable dans un milieu qui lui est favorable et inadmissible ou anormal dans un autre contexte. En conséquence, l'être humain s'efforce consciemment ou inconsciemment de correspondre à l'image plus ou moins idéale pour son environnement, afin de se faire aimer, reconnaître, et accepter. De ce fait, l'intervenant accorde aussi une importance aux différents systèmes dont il fait partie (familial, professionnel, social, etc.). La personne accompagnée peut être influencée à la fois par ses intentions, celles des autres, et celles des possibilités du milieu et/ou du système.

En s'intéressant aux règles de vie, aux processus de rétroactions, aux buts recherchés, aux mécanismes d'équilibre et aux pressions vers le changement, l'intervenant peut observer le degré d'importance que la personne accorde à son environnement, et son engagement au sein du système. Il peut ainsi connaître l'influence de ces derniers sur les choix du sujet accompagné, et l'amener vers une prise de conscience considérable. Il l'amène à mesurer le niveau de remise en question permis, à la flexibilité de son rôle, ainsi qu'à son degré d'adaptation à l'état actuel du système.

Au-delà de son aspect contextuel, l'approche systémique nous apprend à identifier les incohérences entre ce que les individus témoignent et leurs attitudes corporelles. Ce qu'on qualifie par les paradoxes et les doubles contraintes (Aubert, Blanchard, 2005).

L'orientation de cette approche permet au consultant de se focaliser sur les points forts et les appuis du candidat pour les intégrer dans le processus. Depuis que j'ai intégré cette technique dans mes pratiques, une amélioration considérable s'est opérée sur le résultat de mes analyses. Il m'est arrivé très souvent en bilan de compétences de constater une incohérence flagrante entre le souhait le plus profond du sujet et ce qu'il annonce être idéal pour lui. Mais également des divergences entre ses souhaits et ceux de son entourage, qui par conséquent entravent l'avancement du bilan.

Des questions simples m'aident souvent à déceler ce qui provoque des blocages verbaux.

Des pleurs, un hochement de tête, ou un sourire pincé et bien d'autres indices sont un soutien incontestable.

- Qui d'autre que vous est impliqué dans le bilan ?
- Vous affirmez être content de partir de cette entreprise et vous fondez en larmes, je peux supposer que ce sont des larmes de joie ?

Il faut noter que chaque approche présente des avantages qui viennent enrichir les pratiques des intervenants en accompagnement, mais aussi des insuffisances qui exigent une adaptabilité à chaque cas pratique en s'alimentant d'une connaissance théorique vaste et diversifiée. D'où le constat de l'expérience comme outil primordial de l'intervenant, que nous allons développer dans l'approche expérientielle.

d. Approche expérientielle

D'après André Chauvet (1997), cette approche s'appuie sur l'expérience de l'intervenant en termes d'analyse et de recul par rapport à chaque situation, mais aussi sur l'expérience de chaque personne en bilan, pour l'aider à identifier les moments clés de son existence et ceux qui peuvent lui servir pour avancer. Il affirme que l'outil de l'accompagnateur est la mémoire de son expérience.

En accompagnant la personne à la découverte d'elle-même, nous l'amenons vers la prise de conscience qui s'opère en quatre étapes :

1. Le vécu inscrit dans l'action.
2. Le vécu représenté.
3. Le vécu verbalisé.
4. Le vécu par la réflexion.

Cette méthode, affirme l'auteur, a des effets spectaculaires sur :

- *L'identification des ressources professionnelles jamais mises en mot.*
- *La prise de distance par rapport à une autre activité actuelle.*
- *L'identification du pouvoir d'action et la capacité de donner un sens à sa vie professionnelle. (Aubret, Blanchard, 2005, p. 14)*

Chauvet (1997) nous dit que la prise de conscience suppose un travail cognitif de la part du sujet. C'est en aidant le sujet à s'exprimer sur la pensée qui motive et guide ses actes et sur sa façon d'agir que nous lui permettons, en tant qu'aidant, de faire la découverte de soi et de ce qui fait sens pour lui.

À ce sujet, André Chauvet cite Vygotsky pour qui *« la conscience se reflète dans le mot, comme le soleil dans une petite goutte d'eau. Le mot est à la conscience ce qu'est un petit monde à un grand, ce qu'est une cellule vivante à l'organisme. » (1997, p. 14).*

Elle aide la personne à mieux se comprendre, et par conséquent à mieux gérer ses problèmes. Cette approche permet d'analyser l'aspect corporel. Il s'agit de prendre en compte d'une manière générale l'expérience de la personne, la façon dont elle est vécue, les sensations corporelles ressenties, ainsi que ses peurs, ses angoisses, puis d'en identifier les origines.

Elle a pour mérite de se construire sur le passé, le présent et le futur, en évoquant ce que la personne a vécu, ce que la personne veut construire et ce qu'elle ne veut plus.

e. Les origines des Thérapies comportementales et cognitives

Pour comprendre les Thérapies comportementales et cognitives (dites TCC), il faut revenir au développement de la psychologie.

C'est à René Descartes que nous pouvons attribuer la plus importante contribution dans l'histoire de la psychologie moderne. À travers son approche, il détermine la relation entre le corps et l'esprit : « *Descartes concevait l'esprit comme une autre partie physique du corps ayant des capacités et des fonctions comme toute autre partie du corps. [...] Le classique je pense donc je suis, introduit dans le* Discours de la méthode *est une étape fondamentale dans le développement d'un nouveau mode de réflexion sur soi-même [...]* ». (S. Callahan, F. Chappelle, 2016, p. 13)

Cette émergence de la psychologie scientifique débouche sur des découvertes spectaculaires de la biologie en Allemagne, qui ont permis la compréhension du corps humain. Les travaux des chercheurs allemands démontrent qu'il est possible d'appliquer la méthode de la science expérimentale à l'étude de la psychologie.

Au début des années 1860, Wilhelm Wundt (1832-1920) met en place le premier laboratoire de psychologie à Leipzig. Ses recherches autour de la psychologie ont permis notamment de mettre au point la notion de différences entre les individus. (S. Callahan, F. Chappelle, 2016, p. 15)

Mes bilans de compétences sont donc élaborés sur la base de la psychologie moderne, en tenant compte des différences de besoins de chacun, et en mettant en lumière la pensée qui influence l'esprit. Connaître les différentes étapes par lesquelles est passée la psychologie moderne peut nous aider à comprendre que les techniques cognitives et comportementales traitent l'individu dans sa globalité, d'où la présentation chronologique ci-dessous.

À la suite de Wundt et au début du XXᵉ siècle, plusieurs courants ont vu le jour, tels que :

- ***Le structuralisme***

Le mouvement considère la structure de pensée comme un système à part entière. Titchener, un de ses grands partisans, étudie l'introspection expérimentale. Celle-ci a pour but de *« repérer les processus mentaux mis en jeux et leur succession. »* *(S. Callahan, F. Chappelle, 2016, p. 19)*

- ***Le fonctionnalisme***

Déçus par les limites des résultats obtenus par l'expérimentation sur l'introspection et l'étude du conscient, les chercheurs ont orienté leurs études vers une approche qui analyse le comportement de l'être humain comme un facilitateur à l'adaptabilité de ce dernier. Les précurseurs de cette approche, William James, John Dewey et James Angel se sont donné pour mission d'étudier la psyché en fonction de l'expérience psychologique de la personne mais aussi en fonction de son environnement.

- ***Le comportementalisme***

Fondé par John B. Watson, le comportementalisme recherchait des éléments non biaisés à mesurer sous les contraintes de l'observation. *« La psychologie comportementale se voulait strictement objective, rejetant les données subjectives et les interprétations (au niveau de la conscience). »* *(S. Callahan, F. Chappelle, 2016, p. 23)*. Sans prendre en compte l'environnement, Watson s'est particulièrement intéressé à ce qui est observable. En suivant ses traces, Thorndike et

Skinner se sont plutôt attardés sur l'observation de la capacité d'apprendre à agir selon des us et coutumes et ont mis en place la notion du conditionnement opérant. Il est évident que si nous prenons en compte simplement les faits, le comportement de la personne peut nous paraître inadapté par rapport à un environnement déterminé. S'intéressant aux mécanismes internes de régulation, *« [...] Bandura (1977) est arrivé à la conclusion que le comportement de l'être humain est largement gouverné, autrement dit il n'y a que l'environnement qui peut influencer le choix d'un comportement ce qui limiterait les possibilités d'adaptation ». (S. Callahan, F. Chappelle, 2016, p. 66)*

Ainsi, *« Le comportementalisme peut nous aider à comprendre en partie l'être humain mais sans cognition il est difficile de dresser un profil complet de l'homme ». (S. Callahan, F. Chappelle, 2016, p. 24)*

- ### *Le cognitivisme*

D'après Neisser, la cognition serait tous les processus mentaux par lesquels une information est analysée et transformée (phénomènes psychologiques, perception, imagerie...). En résumé, la cognition est la représentation mentale à travers laquelle chaque individu va traiter les informations de manière à lui permettre de résoudre ses problèmes et trouver des solutions.

Ce qui nous semble parfois incohérent peut être tout à fait acceptable dans la représentation mentale de nos candidats. D'où l'intérêt de la neutralité et du non-jugement lorsque nous sommes dans les métiers d'accompagnement.

Vers les années cinquante, Albert Ellis et Aaron Beck seront les premiers thérapeutes à élaborer une thérapie complète s'appuyant sur les techniques modernes des TCC et incluant les processus cognitifs devant les comportements problématiques. Inspiré par les grands philosophes, Albert Ellis (1913-2007) formé à l'approche psychanalytique, a créé sa propre approche qu'il appela PCER. Elle vous sera présentée en détail dans cette étude de cas.

L'objectif de cette déclinaison est de montrer l'importance de traiter l'humain dans son intégralité. En bilan de compétences, il est également primordial d'être attentif à des manifestations corporelles (les faits, les gestes, les émotions traduites par une transpiration ou une agitation).

Dans certains cas de stress intense, il est inévitable de passer par l'étape d'identification des émotions, d'en mesurer l'intensité, et de travailler sur la régulation par les échanges, la verbalisation, en appliquant la méthode qui vous est présentée plus bas.

En somme, il faut apaiser la personne et attendre qu'elle soit disponible pour activer ses propres moyens, en puisant dans ses ressources et trouver la meilleure solution adaptée à sa quête de sens.

D'après Hergenhahn :

1- Quand l'individu est prêt à agir, le fait d'agir est satisfaisant.

2- Quand l'individu est prêt à agir le fait d'être empêché est frustrant.

3- Quand l'individu n'est pas prêt à agir, l'obligation d'agir est frustrante. (S. Callahan, F. Chappelle, 2016, p. 38)

3.
Les vertus et les limites
du bilan de compétences

Heureux celui qui s'arrête au moins une fois durant sa carrière professionnelle pour faire le point sur ses compétences, et retenir ce qui lui semble essentiel pour repartir plus léger.

Il faut considérer qu'une carrière est un ensemble d'expériences accumulées par le sujet, à travers le temps et les différentes missions effectuées dans une ou plusieurs entreprises. Considérée autrefois comme le cheminement de différentes étapes parcourues dans une même organisation et ayant une connotation verticale, la notion de carrière a évolué de nos jours en laissant la place à une multitude d'expériences acquises ici ou là, quelquefois homogènes ou polyvalentes pour certains en fonction des opportunités.

Dès lors, *« pour finalement réussir votre cheminement de carrière, il vous faudra donc penser à acquérir, constamment, des connaissances nouvelles et aussi faire preuve d'adaptabilité. On appelle cela renouveler* le coffre à outils ». *(Anstett, 2003)*

En bref, considérant la carrière comme un voyage à travers le temps, inutile de charger les valises avec des objets dont nous n'avons plus besoin. Aider les actifs à trier, classer, clarifier leurs besoins et leurs attentes en fonction des différentes étapes de leur vie personnelle et professionnelle leur permet d'éviter les burn-out et les dérives bien plus graves encore.

Notre société en quête identitaire a besoin de retrouver un sens. J'ai souvent eu l'occasion de rencontrer des candidats qui souffrent d'exercer un travail considéré comme inutile. Éloignés par la société de consommation de nos besoins primaires, souvent les métiers exercés ne répondent plus à une éthique ancrée dans notre ADN. D'où les bienfaits d'un bilan de compétences effectué au moment où la personne entre dans une phase de doute, de volonté de changement ou de transition.

a. Les bienfaits d'un bilan de compétences

Considéré comme un outil d'orientation et de construction de projet, le bilan de compétences est bien souvent un masque derrière lequel se cache un mal-être bien plus profond. Interdisant les conseillers en bilan de franchir la barrière de la vie professionnelle, la loi semble considérer les humains comme deux entités séparées en deux dimensions. En clair, les limites de la vie personnelle devraient s'arrêter à la frontière de la vie professionnelle. Pourtant, l'expérience prouve bien que les intérêts personnels motivent notre action et rien ne peut aboutir si nous n'avons pas un besoin déclencheur.

- ### *Du côté du salarié*

S'évader d'une situation à problèmes, poser nos valises et discuter avec un professionnel qui s'y prête avec une oreille attentive et une analyse d'expert, procure un bien-être inéluctable.

Verbaliser permet également de prendre conscience d'une évidence enchevêtrée dans un amas d'informations. Voir plus clair pour agir de manière conséquente est un premier pas vers l'atteinte d'une solution adaptée.

Le bénéfice d'un bilan de compétences se niche également dans sa capacité à fournir au sujet un éventail de techniques et d'outils, qui lui permettent de se découvrir et de faire en sorte de prévoir un projet en cohérence directe avec sa personnalité et ses besoins. Découvrir les caractéristiques dominantes d'une personnalité permet d'exploiter un potentiel inné à des fins professionnelles.

Noyées dans un puits de connaissances théoriques et pratiques, les compétences sont difficilement identifiables par le sujet, qui peine à avoir le recul nécessaire quant à son expérience et sa personnalité. Donner le moyen d'identifier la variété de compétences que la personne a pu cumuler lors de son parcours professionnel, les rendre exploitables et les mettre au service d'un nouveau projet et d'une évolution de carrière, est une habileté qu'un conseiller peut offrir à ses candidats.

Structuré et organisé avec l'aide du conseiller, le bilan offre la possibilité de s'arrêter pendant un temps pour explorer le domaine du possible. Mettant en évidence les idées réalisables et celles qui restent inabouties en effectuant l'enquête métier et l'enquête terrain, le sujet peut constater des incohérences entre des envies restées inachevées et les professions accessibles, avec un niveau d'études et une expérience adaptée.

Définir un plan d'action permet donc à la personne de se positionner en tant qu'acteur de son devenir professionnel et d'abandonner le statu quo dans lequel elle se retrouve lorsqu'elle est en phase de doute. Désamorcer une situation problématique peut être le déclencheur d'une longue phase d'action à des fins positives. Car définir un projet et voir plus clair donne un élan et accélère le processus d'évolution de carrière dans un sens vertical ou horizontal. Il donne à la personne la possibilité de dégager ses besoins en formation et en développement personnel. Ainsi, le bilan de compétences est exploitable aussi au service du passeport de formation, de la Validation des acquis professionnels et des évaluations annuelles.

En période de reclassement ou de mobilité interne, le bilan consiste à servir de phase intermédiaire, celle qui permet de dégager des pistes et de reprendre conscience de ses capacités et compétences professionnelles avant d'aborder la recherche d'emploi.

La liste est longue et le descriptif ci-dessus n'est pas exhaustif, mais un des avantages du bilan de compétences qui me semble intéressant est la reprise de confiance. Accablés par des situations problématiques, les sujets hésitent souvent longtemps avant de faire les démarches du bilan, ce qui détruit à petit feu leur confiance en eux et diminue progressivement leur estime de soi.

Plus qu'une identification de compétences, le bilan de compétences peut être illustré comme un lieu d'échange, un temps pour soi, une introspection, une évasion et un voyage à travers la construction de soi, scolaire, professionnelle et environnementale. Un luxe qui permet aux actifs de se projeter au-delà du fantasme et de le rendre accessible en se définissant des moyens concrets pour l'atteindre.

- ***Du côté de l'entreprise***

Le bilan de compétences est synonyme d'une gestion de carrière efficace qui se soucie réellement des potentiels et personnalités de ses salariés. C'est un moyen d'optimiser les plans de formation et de les adapter aux réels besoins de l'entreprise. En période de crise, les entreprises ont tout intérêt à recycler les anciens employés plutôt que de recruter de nouvelles compétences. Chaque nouveau candidat ayant besoin en moyenne de trois mois pour s'adapter à la politique de l'entreprise et devenir rentable. Il devient évident qu'une formation financée par les OPCO s'avère moins coûteuse et plus efficace. C'est également un moyen de déterminer les compétences manquantes et d'y remédier. Le bilan de compétences apporte d'autres avantages non négligeables pour les entreprises, tels que :

- Fidéliser les salariés : considéré comme une marque de confiance et de reconnaissance, le bilan de compétences accordé par l'employeur au salarié accentue le lien et augmente l'appartenance des salariés à leur entreprise. Les personnes concernées témoignent en général d'une une satisfaction et d'une volonté accrue de ne pas décevoir.

- Outil de motivation : compte tenu de l'impact majeur de la motivation sur la productivité des salariés, il devient évident qu'un meilleur positionnement agit sur l'efficacité et le résultat du travail rendu. Un salarié démotivé pour des raisons d'inaptitude au poste représente une perte pure pour l'entreprise.

Tenus par la loi d'accompagner les salariés vers une évolution de carrière, les chefs d'entreprise seront amenés à élaborer des plans de carrière quelquefois en dehors de leurs compétences professionnelles. Cela fait du bilan un outil incontournable dans la construction d'un avenir professionnel conçu sur mesure à court, moyen et long terme.

Le bilan de compétences ne peut pas se substituer aux entretiens annuels ou aux évaluations annuelles à la charge du supérieur hiérarchique, mais il peut servir de tremplin entre des vœux énoncés et une concrétisation par la mise en place d'un projet.

b. Les limites du bilan de compétences

Malgré les nombreuses vertus associées au bilan de compétences, il est de rigueur de mentionner qu'un bilan a des frontières bien délimitées dont chaque intervenant peut tenir compte. Empiéter sur un territoire inconnu n'est pas recommandé dans la profession. Si déontologiquement il a été inscrit que nous devons pouvoir accepter ou refuser une mission qui dépasse notre champ de compétences, c'est bien par ce qu'il peut être dangereux d'accepter un cas qui soulève des problématiques bien plus graves que l'orientation. Il est donc bien clair que le bilan de compétences n'a pas pour vocation de remplacer une thérapie et de déguiser l'intervenant en Freud, raison pour laquelle il est recommandé d'entrée de jeu d'analyser la demande de manière à savoir s'il s'agit bien d'une démarche de bilan.

- ### *Du côté du salarié*

Considéré comme un outil efficace pour toute orientation professionnelle, et un premier pas vers un épanouissement et un développement personnel, le bilan de compétences ne peut pas remplacer une analyse plus approfondie à l'origine d'un certain mal-être, ni se substituer à un remède contre la dépression. D'ailleurs, à ce sujet, j'insiste sur une analyse attentive et efficace de la demande qui peut être d'ores et déjà un indicateur efficace d'une prestation réalisable ou pas par un conseiller en bilan.

Le bilan de compétences ne remplace pas un coaching, qui au-delà de conseils, d'une identification de compétences, de valeurs d'intérêts personnels et professionnels, trouve le potentiel pour le raviver et le remettre au goût du jour. Je dirais à ce sujet qu'il peut être complémentaire à maintes prestations du domaine de la thérapie et de l'accompagnement, mais pas l'unique outil de réalisation de soi à travers les projets.

Censé rendre la personne autonome dans la réalisation de son projet, étant limité à 24 h avec une obligation de suivi à six mois, le bilan de compétences ne peut pas garantir sur la durée la capacité de ses sujets à maintenir un niveau de confiance face à toutes les difficultés rencontrées au-delà du bilan.

Bien que le bilan de compétences soit une identification de compétences, il ne peut délivrer un diplôme, un certificat ou remplacer la validation des acquis. Cela reste malgré tout une passerelle qui détermine la formation idéale pour la mise en place du projet.

Malgré une imagination débordante, il m'est arrivé de décevoir des candidats, faute de ne pas avoir pu leur inventer des compétences ou un niveau d'études qu'ils n'ont pas.

Nous pouvons en déduire qu'un conseiller bilan n'est pas un magicien, mais plutôt un accompagnateur vers la découverte et l'épanouissement de soi.

En quête identitaire, certains salariés habitués à apprendre par l'expérience restent sur leur faim quant au choix du projet idéal, par manque d'opportunité d'essayer avant de se prononcer (il serait intéressant que les salariés puissent suivre des journées découverte dans l'entreprise ou bien avoir accès à des stages de courte durée).

- ***Du côté de l'entreprise***

Le poste de DRH obtenu souvent en signe de reconnaissance de la part de leurs supérieurs, les responsables de ressources humaines ne sont pas tous formés aux outils de la GPEC. De ce fait, le bilan de compétences reste un moyen de progression peu connu et devient alors une prestation à abolir autant que possible par les DRH. Les responsables de ressources humaines évitent toute communication concernant le bilan, source d'inquiétude, et s'abstiennent de le proposer à leurs salariés. Afin de le rendre plus accessible, les conseillers en bilan ou tout intervenant peuvent jouer le rôle d'informateur auprès des responsables en ressources humaines.

c. Ce que le bilan de compétences n'est pas

Mal compris et souvent confondu par les directeurs de ressources humaines avec d'autres prestations, le bilan de compétences ne peut être un moyen d'esquiver des outils mis en place pour laisser la place au dialogue entre un salarié et son supérieur hiérarchique lui permettant l'évolution.

Il ne doit pas non plus être employé comme moyen de pression sur les salariés pour prouver leurs incapacités à gérer leur poste. C'est pour cela qu'il demeure entièrement confidentiel, et reste la propriété du salarié. Étant tenu par la loi au secret professionnel, le consultant ne peut divulguer aucune information émanant du bilan. Il m'est arrivé de refuser les recommandations de certains DRH qui souhaitaient faire comprendre à leurs salariés qu'ils étaient incompétents.

Le bilan n'est pas une échappatoire. Considéré à tort par les patrons comme un danger, ils ont souvent l'angoisse de devoir accorder le congé bilan de compétences à leurs salariés, et de ne plus les voir revenir. C'est ainsi que les salariés subissent souvent le refus du financement de leur bilan de compétences.

Il arrive aussi parfois que des candidats perçoivent le bilan comme un diplôme. Pourtant, une fois accordé par l'entreprise, le bilan ne peut prendre la place d'un besoin en formation émis par le salarié. Il s'agit de faire la différence entre un congé individuel de formation et un congé de bilan de compétences. Faire le point et se former n'a pas le même impact sur l'évolution professionnelle d'un salarié. Bien qu'éclaireur, le bilan de compétences ne peut se suffire à lui-même. Il permet simplement d'aiguiller dans le choix de la formation et le développement des compétences des salariés.

Aussi, rien ne force un salarié à changer de poste ou d'orientation. Contrairement aux idées reçues, le bilan n'est donc pas toujours un déclencheur de changement. Il peut néanmoins dégager un sentiment de bien-être et une confirmation d'une adéquation entre une mission et le profil de la personne concernée.

En conclusion, bien qu'insuffisant dans certaines situations qui nécessitent une formation, le bilan de compétences reste avant tout un moyen de motivation et d'orientation incontournable. Il peut être à l'origine de toute volonté d'évolution professionnelle horizontale ou verticale initiée par l'entreprise ou le salarié. Il dégage les pistes de formations, de validation des acquis ou de création d'entreprise.

Il aide les salariés et leurs responsables à voir plus clair et à prendre des décisions rationnelles, à se projeter dans le temps et à mettre en place des projets et des plans d'action.

Malgré toutes les épreuves qu'il a traversées, et les réformes consécutives, il reste aujourd'hui un moyen de motivation et de connaissance de soi.

La trame du bilan reste inchangeable mais le fond a beaucoup évolué depuis les années soixante et il s'est enrichi à travers les différentes approches de la psychopathologie.

Je dirais que l'analyse des besoins diverge d'une personne à l'autre et d'un consultant à l'autre en tenant de plus en plus compte de la psychologie de la personne et de ses besoins en réalisation de soi. Ce n'est pas encore l'équivalent d'un coaching mais il tend davantage vers un coaching de transition. Le respect de la loi est indéniable dans la structure, cependant les recommandations du COPANEF tendent plutôt vers un accomplissement de soi à travers le bilan.

Différents cas pratiques

« On ne fait rien d'extraordinaire sans hommes extraordinaires et les hommes ne sont extraordinaires que s'ils sont déterminés à l'être. »
Charles de Gaulle

près un bref historique et un résumé des différents grands courants sur lesquels un consultant peut s'appuyer pour asseoir ses pratiques, j'amène le lecteur vers l'expérimentation concrète du terrain. Du consultant débutant à celui qui a quelques années d'expérience et souhaite élargir son champ d'action ou tout simplement comparer ses pratiques, cette deuxième partie sera pour vous un soutien précieux pour la mise en pratique de la méthode ADVP basée sur l'approche humaniste.

J'ai souvent rencontré durant ma carrière, des consultants qui ont du mal à appliquer la théorie apprise. Le passage de la théorie à la pratique requiert le même processus que l'idée, avant qu'elle ne se matérialise en devenant un projet atteignable, mesurable et réalisable. Lorsque je parle d'atteignable, je vise bien la confusion par laquelle passe un projet bien avant qu'il ne se concrétise.

Pour accompagner ce processus dans ses différentes phases de maturation, je mettrai à votre disposition des études de cas commentées et illustrées par des exercices et outils. L'objectif de la démarche étant de partager avec vous des pratiques qui ont évolué tout au long de mes vingt années d'expérience, qui ont fait leurs preuves et qui pourront enrichir vos accompagnements.

L'essentiel pour un consultant n'est pas d'avoir un nombre incalculable d'outils, mais de faire son choix parmi ceux qui lui conviennent bien et de savoir à quel moment et dans quelles circonstances les proposer à son sujet.

Je vous propose en premier lieu un exemple concret qui répond parfaitement à un déroulement classique d'un bilan de compétences, mais qui va se démarquer par son approche humaniste et par l'habilité avec laquelle auteur et acteurs ont collaboré pour que le sujet puisse dépasser ses peurs, ses blocages et réaliser son projet. Il est certain que si je m'étais exposée à la même étude de cas en début de carrière, je me serais arrêtée à la demande initiale sans savoir en profondeur le motif illicite du bilan. Ce qui aurait pu dégager un tout autre résultat pour la personne accompagnée.

Étude de cas n° 1
selon L'approche humaniste :
Le cas de Véronique

« La réussite appartient à tout le monde. C'est au travail d'équipe qu'en revient le mérite. »
Franck Picard

1.
Contexte du bilan

Je vous invite dans cette partie à suivre étape par étape l'avancement du projet. J'insiste sur le fait qu'un bilan n'est pas simplement le déroulement d'une méthode mais surtout un accompagnement vers le rebondissement et l'épanouissement du sujet.

Véronique arrive en bilan de compétences après une grande période de dépression et un sentiment de désintérêt général. Accompagnée par un psychologue et par la médecine du travail, son médecin lui propose un bilan de compétences. Lors de la première rencontre, elle amène un dossier d'inscription en étude d'esthéticienne et me raconte que le financement n'a pas été accepté par l'organisme financier, ce qui la déstabilise et la questionne à savoir si c'est la bonne direction à prendre.

Intriguée par la nature de sa demande, je prends du recul et demande à ma cliente l'autorisation de lui poser quelques questions avant de lui expliquer la démarche du bilan, afin de savoir s'il est en mesure de répondre à ses besoins. L'approbation obtenue, je procède à une exploration de l'objectif voulu à travers le bilan de compétences :

- En quoi le refus du financement peut mettre en doute la qualité du projet ?
- De quoi avez-vous besoin pour savoir si ce projet est bien pour vous ?

- Qu'attendez-vous de moi en tant qu'accompagnatrice pendant votre bilan ?
- En quoi le bilan de compétences peut-il vous aider ?
- À quoi saurez-vous que votre bilan de compétences est réussi ?

Lorsque la définition de l'objectif est claire, l'intérêt pour le conseiller en bilan est de savoir si le cas présenté fait partie de ses compétences, ou s'il se doit déontologiquement de conseiller à la personne de s'orienter vers des professionnels plus compétents en la matière.

Dans le cas présent, j'aurais pu déduire au premier abord que Véronique s'était inscrite à la formation pour sortir de sa routine et « faire quelque chose » avant d'étudier en profondeur si c'était réellement le projet idéal pour elle. De plus, étant dans une phase difficile de sa vie, elle avait besoin d'être guidée et remotivée, mais aussi accompagnée dans ses choix.

Son cas s'inscrit parfaitement dans une catégorie de nécessité d'un bilan de compétences classique, pour clarifier les idées, trouver le projet idéal et donner les informations nécessaires à la personne pour la réalisation du projet.

Au-delà de cette description catégorique du bilan, et en dehors de l'identification classique des compétences et l'étude des projets idéaux pour la personne, que se cache-t-il concrètement dans les coulisses d'une demande de bilan ?

C'est ce que nous allons découvrir ensemble à travers ce cas, en faisant revivre les émotions et en interpellant l'inconscient du sujet. Mais aussi en prenant du recul et en donnant au bilan de compétences une tout autre dimension que celle décrite dans les trois phases régies par la loi.

Je fais part à Véronique de mon adhésion pour l'accompagner et mettre tous les moyens nécessaires au service de la réussite de son projet. Enthousiaste, elle entame les démarches administratives nécessaires et nous démarrons le bilan à la suite de l'obtention de sonfinancement.

a. Le début de l'aventure

Tel qu'il a été mentionné dans la première partie, le bilan de compétences est un travail collaboratif. Il exige l'adhésion du sujet et une confiance mutuelle, pour pouvoir accéder à des zones sensibles liées au domaine professionnel et libérer l'inconscient. Comme à chaque début de séance, il est utile de poser le cadre en expliquant le déroulement et créer une alliance avec le candidat.

→ Pour poser le cadre, il vous faut créer une alliance.

→ Pour créer une alliance, il faut être empathique.

→ Pour être empathique, il faut être centré sur la personne.

→ Pour être centré sur la personne, il faut faire abstraction de nos petits soucis quotidiens et de nos besoins personnels.

↘ À retenir :

Il est très important de demander au sujet son autorisation pour poser des questions qui peuvent lui sembler intrusives, en lui donnant la possibilité de nous arrêter ou de ne pas répondre. Aussi, pour que le candidat se sente impliqué dans la démarche du bilan, il est judicieux de lui décrire le déroulement de la séance et lui demander son adhésion.

- ### *Le contexte révélateur*

En mettant la personne en confiance, vous pouvez ainsi obtenir son implication pour apporter les informations nécessaires à la réussite du bilan. Voici quelques exemples d'informations complémentaires à lui demander :

- Décrivez la situation actuelle. (Pour obtenir le contexte)

- Donnez un exemple concret. (Se baser sur l'expérience)

- Qu'est-ce qui vous pose problème actuellement ? (L'élément déclencheur)

- Depuis combien de temps êtes-vous dans cette situation ? (Définir la période)

- Êtes-vous seule dans cette situation ? (Vérifier si le problème vient d'une situation personnelle ou d'un effet de groupe)

- De quoi avez-vous besoin pour résoudre cette situation ? (Chaque demande cache un besoin)

Contexte	Entreprise	Mission	Âge	Date	Évolution	Mobilité	Reconversion
Situation actuelle							
Exemple précis							
Problème							
Personnes concernées							
Personnes ressources							
Résultat attendu							

Amener le sujet à être précis peut l'aider à revivre la situation et à la repositionner dans son environnement pour pouvoir ensuite clarifier sa demande. C'est aussi une bonne introduction pour l'analyse de la demande, qui parfois s'avère complexe considérant la période de confusion par laquelle passent la plupart des candidats en bilan.

◊ *Quelques questions types pour l'analyse de la demande :*

- De quoi avez-vous besoin actuellement ?
- Quel événement a pu déclencher l'envie de faire un bilan ?
- Quels sont les changements que vous souhaiteriez apporter à votre situation actuelle ?
- Êtes-vous à l'origine de cette demande ?
- Quelles solutions avez-vous déjà employées et qui n'ont pas fonctionné ?
- Quelles autres solutions pourriez-vous employer ?
- Quelle durée souhaiteriez-vous investir pour atteindre votre objectif ?
- Êtes-vous prêt à vous former s'il le faut ?
- Avez-vous des idées de projet ?
- Votre entourage est-il impliqué dans le bilan ?
- Qu'attendez-vous du consultant en bilan ?
- Quel résultat espérez-vous du bilan ?
- De qui d'autre à part vous dépend la réussite de votre bilan ?

↘ **À retenir :**

Avant de démarrer le travail du bilan, il est important de bien poser le contexte et de procéder à l'analyse de la demande. Assurez-vous d'être en phase avec le sujet en résumant ses propos, ou bien en posant souvent la question : « si je comprends bien ? », « en résumé ce que vous avez voulu me dire... » une manière incontournable pour éviter les erreurs, les interprétations et les jugements.

- ### *Déroulement du bilan : parlez-moi de vous*

Vous pouvez ensuite demander au sujet de raconter son parcours de vie sans trop s'attarder sur le volet personnel. Le but étant de retracer son histoire étape par étape, de la scolarité jusqu'au premier choix d'orientation, en terminant par la situation actuelle. C'est un moyen de lui faire revivre émotionnellement les moments forts de son expérience scolaire et professionnelle, pour accéder à une prise de conscience de sa part.

En positionnant l'ensemble dans un environnement familial et culturel, cela permet l'accès à des valeurs liées à une éducation et à un entourage qui a participé à la constitution de sa personnalité en termes de valeurs, croyances et intérêts.

Le consultant a tout intérêt à se centrer sur des situations qui lui semblent importantes dans la vie du sujet. Il peut, dans ce cas, activer une empathie pour la situation vécue en pratiquant une écoute active, celle qui se démarque par la synchronisation de la voix et des gestes, en envoyant des accusés de réception positifs (je comprends, je vois, j'entends bien, c'est intéressant...). Sincères et bien placées, ces attentions encouragent le sujet à alimenter son discours de manière à apporter les informations clés pour le bilan.

Vigilance ! Témoignage ne veut pas dire verbiage au point de vous perdre dans les méandres d'un bavardage inutile. Au travail du bilan, le consultant est comme le chef d'orchestre, c'est à lui de donner le tempo et de ramener à chaque fois que l'occasion se présente le sujet vers l'objectif. Par exemple, de manière simple, en lui demandant *« et si nous revenions à votre objectif principal ? »*, afin de ne pas heurter la sensibilité de la personne.

→ **<u>Quelques informations à demander au candidat :</u>**

- Parlez-moi de votre entourage (les métiers exercés).
- Les orientations qui vous ont été suggérées.
- Les orientations que vous avez choisies.
- Vos rêves d'enfance.
- Vos formations initiales.
- Vos formations complémentaires.
- Vos expériences réussies.

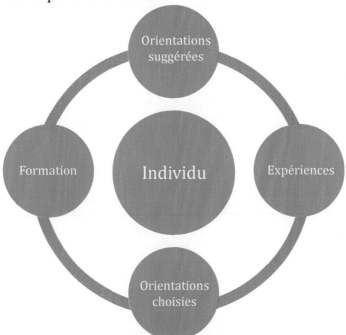

En mettant l'accent sur les expériences réussies, vous réactivez ainsi les ressources de la personne.

Vous pouvez vous en resservir pour remettre en place la même stratégie afin que la personne atteigne son objectif et réalise son projet.

Pour faire des choix de projet ou bien pour éliminer certaines informations inutiles au bilan de compétences, il est très efficace de pouvoir faire un état des lieux suivi d'un tri, en cohérence avec les critères choisis par la personne. En partant de ses critères et de ses besoins vous allez pouvoir l'amener à bon port :

- Le salaire qu'elle souhaite obtenir.
- L'environnement dans lequel elle souhaite évoluer.
- Les responsabilités qu'elle veut ou ne veut plus faire.
- Ce qui est faisable pour elle (formation, VAE, etc.).
- Ce qui est le plus important pour elle (les valeurs).
- Ce qui motive d'habitude son action.
- Les horaires et les déplacements.
- La reconnaissance et l'appartenance.

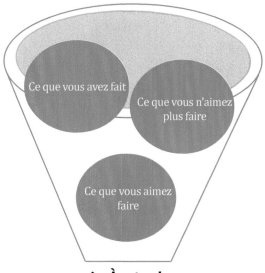

↘ À retenir :

La méthode de l'entonnoir a fait ses preuves, en amenant le sujet à élaguer toutes les expériences et les compétences obsolètes. Vous lui permettez ainsi d'y voir plus clair et de prendre conscience de ce qu'il veut réellement reproduire.

La synthèse de toutes les données peut se faire d'une manière très fluide en demandant à chaque étape la validation de la personne sur ce que vous avez pu comprendre de son parcours. Relever les éléments importants et ceux qui méritent un approfondissement est un outil de travail incontournable sur lequel va se baser la suite du bilan.

Faire l'inventaire de l'entourage professionnel et familial du sujet permet au consultant de comprendre les influences sur le bilan, et également sur les décisions déjà prises ou en cours de réflexion.

Questionner la personne sur ses valeurs, ses intérêts, et les éléments moteurs de sa personnalité va permettre de la guider vers les métiers en cohérence avec ce qu'elle est réellement. Si la personne n'est pas en alignement avec ce qui constitue sa personnalité, elle ne peut pas se sentir bien, s'épanouir et exploiter tout son potentiel. (la pyramide de DILTS)

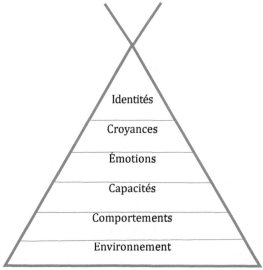

Pour cette analyse, vous pouvez vous appuyer sur la pyramide de DILTS en vous assurant que ce que vit la personne est en adéquation avec ce qu'elle est réellement. Posez-vous la question : s'efforce-t-elle de correspondre à une image idéale que son environnement attend d'elle ?

« L'exploration du vécu suppose le recueil de discours qui mettent en lumière les pensées des acteurs concernant leurs comportements sociaux et leurs états mentaux. » (Blanchet, Gotman, 1992, p. 25)

↘ À retenir :

Une personne en bilan de compétences n'est pas isolée, elle réagit en fonction d'une éducation et cherche souvent à protéger son entourage des conséquences qui peuvent se produire en raison des changements envisageables. Il n'est pas rare que les candidats prennent l'avis de leurs familles pour prendre des décisions. Une donnée essentielle à prendre en compte en bilan, au risque de vous heurter à des ambivalences.

b. Parcours de vie

Je vous livre l'histoire de Véronique pour que nous puissions, ensemble, suivre l'avancement de son projet. Vous allez comprendre comment, avec une suite logique, un peu de bon sens, et des outils performants, vous pouvez accompagner les personnes d'un point A à un point B sans vous y perdre. L'idée est de faire travailler la personne sur elle-même et non pas de travailler à sa place.

« J'ai souvent entendu mes collègues dire qu'ils sont épuisés après une séance en bilan, alors qu'il m'arrive de trouver l'exercice facile voire amusant. »

Ce processus devient plus simple quand nous arrivons à bien identifier la situation insatisfaisante et celle souhaitée à plus long terme par le sujet. Ce qui permet au consultant d'aider le candidat à y voir plus clair, à faire des choix sensés et à planifier l'atteinte de son objectif.

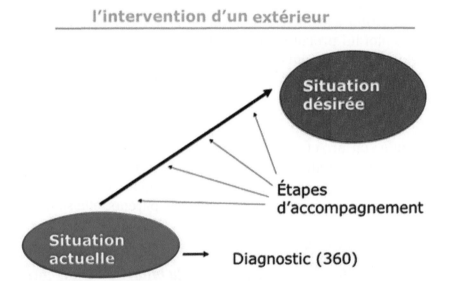

Revenons à la vie de Véronique. Après un parcours facile et une scolarité sans faute, elle obtient son baccalauréat littéraire avec succès. En revanche, elle ne sait pas quelle orientation prendre par la suite. Elle s'inscrit à la faculté pour faire LCE, mais l'ambiance ne lui convenant pas, elle abandonne les bancs de la faculté pour se diriger vers un BTS tourisme sans grande conviction. Après deux ans d'études, elle quitte le BTS à cause d'un professeur d'espagnol sévère et décide de trouver un travail.

Elle enchaîne les expériences jusqu'en 2007, date à laquelle elle rentre à la CNAV. Son parcours se déroule sans problème jusqu'en 2009, où tout bascule avec le départ de son supérieur hiérarchique. Elle se sent alors abandonnée. Depuis cette date, elle enchaîne les arrêts maladie et elle finit par revenir à mi-temps.

Elle a profité de son arrêt maladie pour faire un CAP coiffure et réaliser son rêve de jeunesse, rejeté par les parents à l'époque, ce qui lui a fait le plus grand bien. Malgré cet investissement, elle est restée à la CNAV pour toutes les raisons sécuritaires que cet emploi lui procure. Ayant son diplôme en main, elle a fait quelques missions qui lui ont procuré beaucoup de plaisir, mais qui n'ont pas suffi à la rassurer pour quitter la CNAV.

Ne voyant pas d'issue favorable à sa situation professionnelle, elle a décidé de faire un bilan de compétences pour l'aider à identifier un projet professionnel réaliste et réalisable, qui lui permettra d'établir un plan d'action. Plus jeune, elle voulait être coiffeuse ou professeur d'espagnol, mais ayant toujours fait des choix en fonction de l'avis de ses parents, elle souhaite aujourd'hui se découvrir à travers le bilan de compétences, s'émanciper et faire un choix personnel.

→ ***Demande explicite : elle attend du bilan de compétences qu'il l'aide :***

- À identifier ses compétences.
- À définir les éléments moteurs de sa personnalité.
- À l'éclairer sur les intérêts et les valeurs qui motivent son action.
- À prendre une décision rationnelle.
- À la guider vers le meilleur projet professionnel en adéquation avec ses inspirations.

c. L'analyse de la demande implicite

Rappelez-vous que dans le contexte, Véronique présente son projet d'esthéticienne comme une évidence et une suite logique à la carrière de coiffeuse qu'elle avait entamée. Elle a déjà trouvé l'école et s'est inscrite une fois sans pouvoir obtenir de financement. Elle souhaite valider son projet et refaire un dossier le cas échéant.

Ma première interrogation : puisque son rêve étant jeune était de devenir coiffeuse, et ayant le diplôme en poche et un peu d'expérience, pourquoi a-t-elle besoin de faire des études d'esthéticienne ?

Je la sollicite pour chercher de manière indirecte ses besoins réels, sachant, d'après Maslow, que toute action ou demande émane d'un besoin qui active la motivation de la personne à agir. La seule différence que j'émets d'après mon observation du terrain est que la frontière entre besoin et action peut être l'inhibition par la peur : d'échouer, de perdre des avantages, de décevoir l'entourage, de perdre une sécurité financière...

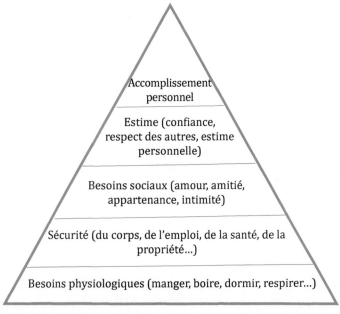

C'est à ce stade que se joue le rôle imminent de l'accompagnateur, qui est d'aider la personne à trouver en elle les ressources nécessaires pour oser se réaliser. Ayant affaire à des adultes, nous pouvons constater qu'ils ont réussi jusqu'à présent à faire des choix sans notre intervention. La question qui semble alors pertinente à ce stade : **De quoi a-t-elle besoin aujourd'hui pour y arriver ?**

↘ À retenir :

La demande du bilan cache souvent une demande plus implicite que le sujet a des difficultés à exprimer, par pudeur ou par manque de clarté dans ses idées ; le travail de l'accompagnateur est d'identifier, en émettant des hypothèses, la demande cachée. Ce qui donne au consultant le rôle d'accompagnateur au changement.

En me basant sur la pyramide des besoins de Maslow, j'emploie avec Véronique le questionnement ouvert pour arriver à un résultat probant. Voici ses réponses :

LH : *Vous avez déjà un CAP de coiffure, qu'est-ce qui vous empêche d'exercer ?* *(Recherche des blocages)*

V : Vous comprenez, en coiffure je n'ai pas la même sécurité financière que celle que j'ai aujourd'hui.

LH : *C'est important pour vous d'avoir la sécurité financière ?*

V : Oui, c'est important, aujourd'hui j'ai un salaire qui me permet d'avoir un bon niveau de vie, de payer mon loyer et de faire ce que j'aime.

LH : *Vous dites que ça vous permet de faire ce que vous aimez, qu'est-ce que vous aimez ?* *(Recherche des motivations)*

J'aime aller chez l'esthéticienne une fois par mois et prendre des vacances.

LH : *Qu'est-ce que vous aimez d'autre ?*

V : En réalité, je ne sais pas, je ne sais plus, je ne suis plus moi-même.

LH : *Comment êtes-vous lorsque vous êtes vous-même, donnez-moi un exemple ?* *(Recherche d'une expérience positive qui peut la remotiver)*

V : Je suis joyeuse, dynamique, je sors beaucoup, je prends des vacances et j'invite beaucoup de monde à la maison.

LH : *Qu'est-ce qui vous empêche aujourd'hui d'être vous-même ?*

V : C'est ce travail, il me déprime et m'empêche de vivre.

LH : *Pourtant vous dites qu'il vous permet de partir en vacances, arrivez-vous quand même à profiter de vos vacances ?*

V : Mais non, je ne suis pas bien.

LH : *Vous dites que ce travail vous déprime, qu'il vous empêche de profiter de vos vacances, mais qu'il vous assure une sécurité financière pour pouvoir aller en vacances... Quelles sont vos priorités, de partir en vacances ou de vous sentir bien ?*

V : C'est de me sentir bien, même quand je suis en vacances je ne me sens pas bien ça ne sert à rien.

LH : *Vous dites que vous préférez vous sentir bien que de partir en vacances et que cet emploi est à l'origine de votre mal-être, qu'est-ce qui vous empêche de le remplacer par le métier de coiffeuse, à part la sécurité financière ?*

V : Vous comprenez, coiffeuse n'est pas un métier très bien vu par mon entourage. Mes parents ne veulent pas en entendre parler. *(1er blocage de taille, la représentation du métier par son environnement social.)*

LH : Puis-je comprendre que vous évitez d'exercer le métier de coiffeuse parce que vos parents ne veulent pas en entendre parler ?

V : Oui en gros c'est ça, pour eux il n'y a que les métiers administratifs qui ont de la valeur. Ils ne comprendront jamais que je puisse quitter la CNAV pour faire un travail manuel et esthétique.

LH : C'est important pour vous l'adhésion de vos parents à votre projet ?

V : C'est plus sympa si j'arrive à les convaincre, j'aime bien leur faire plaisir.

LH : De quoi avez-vous besoin pour réussir à les convaincre ?

V : J'ai besoin d'être rassurée, de savoir quel est le métier idéal pour moi. Si je suis sûre de mon choix concernant le projet et que j'ai tous les éléments en main, je peux argumenter.

LH : Comment pouvez-vous savoir que c'est le métier idéal pour vous ?

V : En étudiant bien le marché de l'emploi, savoir s'il y a des possibilités d'embauches...

Ainsi, se poursuit l'entretien, entre la recherche des blocages afin de pouvoir les lever et la perception des motivations pour pouvoir réactiver ses ressources intérieures et les mettre au service de son projet.

En m'appuyant sur les leviers internes de la personne, ce que nous appelons communément « les ressources personnelles », nous apprenons à comprendre ses représentations personnelles et ce qui la bloque pour avancer.

Progressivement et en avançant étape par étape, j'ai pu tracer la carte interne de Véronique et lister ses besoins :

- Besoin d'appartenance.
- Besoin de sécurité.
- Besoin de reconnaissance.

Les indicateurs de réussite de Véronique quant à son bilan de compétences s'articulent autour de son besoin de savoir :

- S'il y a de la demande dans le domaine de l'esthétique.
- Si le salaire correspond à ses attentes.
- Si elle a réussi à activer son réseau pour faire passer sa candidature.
- Si elle a constaté avoir les capacités nécessaires pour commencer la formation.
- Si elle a réussi à convaincre ses parents que c'est le projet qui la rendra heureuse.

Imaginons que je m'étais arrêtée à la demande initiale, celle de valider le projet. La préoccupation première se serait focalisée sur : ses compétences par rapport à celles requises, la demande du marché, ainsi que la cohérence entre ses critères, ses valeurs et les critères requis pour réaliser le projet.

Au-delà du visible, j'ai travaillé sur le fondement d'une demande qui, au départ, semble être facilement traitable, à la manière d'un consultant humaniste qui se centre avant tout sur les besoins de la personne. En mettant l'art du questionnement de la PNL au service du projet, j'ai pu par la suite amener la personne à s'approprier les solutions qu'elle est venue chercher.

Pour analyser les blocages de Véronique, je me suis basée sur les « *drivers* », ces mots qui nous harcèlent pour nous empêcher d'avancer. L'idée n'est pas de débarrasser la personne complètement de ses « *drivers* », mais de lui faire prendre conscience des avantages et des inconvénients de ces derniers, d'une manière à l'inviter à apprendre à les gérer à sa manière, de façon équilibrée pour qu'elle devienne actrice de sa vie.

> « *La connaissance de soi est sans doute l'outil ultime pour atteindre ses objectifs et mener à bien ses projets. Il y a de multiples aspects de nous-mêmes à explorer pour mettre nos talents, nos ressources et nos mécanismes de réussite à notre service, et inversement accepter nos limites et les prendre en compte dans nos stratégies.* » (Pascual, 2009).

Les « *drivers* » se distinguent par cinq injonctions différentes, inhérentes à chaque personne et variant selon l'environnement et l'éducation des individus. Tout un chacun a un ensemble d'un ou de deux « *drivers* », qui résonnent dans leur esprit, les contraignant dans les moments d'action et de doute : « Sois fort » ; « Sois parfait » ; « Fais un effort » ; « Fais plaisir » ; « Dépêche-toi ».

Pour en revenir à l'analyse d'une demande, j'insiste en appuyant principalement sur l'analyse des blocages et des besoins. Souvenez-vous de la pyramide de Maslow, celle qui va vous permettre d'identifier l'origine du besoin. Cependant, il arrive souvent que les personnes ne sachent pas facilement identifier leurs besoins. Pour cela, il convient de les amener à recenser ce qu'ils ne veulent plus dans la situation actuelle, en les amenant à les remplacer par ce qu'ils veulent à la place.

◊ Grille d'autodiagnostic à compléter par le candidat

Ce que je ne veux plus faire	Note attribuée	Ce que je veux faire	Note attribuée
Travail monotone		Travail créatif	
Une hiérarchie rigide		Une hiérarchie souple	
Des horaires fixes		Des horaires flexibles	
Un travail de bureau		Un environnement plus décontracté	
Un petit salaire		Un bon salaire	
Un travail mal reconnu		Un travail valorisant	
Un travail inutile		Un travail utile	
Seule toute la journée		En équipe ou en contact avec le public	
Travail physique		Travail intellectuel	

En attribuant des notes de 1 à 10, la personne prend conscience de l'importance de chaque dimension et rend rationnel ce qui était de l'ordre de l'abstrait. Elle voit de façon claire et concise la valeur de ce qu'il lui plaît par rapport à ce qu'il ne lui plaît plus.

Lorsque les critères se dessinent bien et l'analyse est au complet, le travail réel peut être concentré sur l'identification du projet et des compétences utiles pour sa réalisation.

« Le succès, c'est d'avoir ce que vous désirez. Le bonheur, c'est aimer ce que vous avez. »
H. Jackson Brown

2.
Le déroulement du bilan

a. Première étape : la phase d'exploration

Grâce au récit de vie professionnelle de Véronique, nous avons pu mettre en lumière son attirance pour les métiers de la coiffure et de l'esthétique, ainsi que son besoin de reconnaissance dans le travail et l'envie de mettre en application ses atouts au service du bien-être de sa clientèle. Nous avons également pu, grâce à une liste de valeurs fournie, relever ses valeurs principales accordées au travail.

<u>Autodiagnostic : Le consultant peut donner un exercice très simple qui est révélateur.</u>

Pour identifier les valeurs, vous pouvez vous baser sur la théorie des valeurs universelles de Schwartz, très pertinente.

Choisissez les 10 valeurs qui vous conviennent le mieux parmi les 57 proposées, placez-les dans le tableau ensuite suivez les instructions.

Lister vos valeurs préférées	Notez vos valeurs de 1 à 10	Reclasser vos valeurs par ordre de préférence
Autonomie		
Aventure		
Beauté		
Bienveillance		
Bien-être		
Calme		
Bonheur		
Célébrité		
Certitude		
Confiance en soi		

Le but de cet exercice étant de permettre à chaque personne de s'identifier à une série de valeurs et de pouvoir l'intégrer à l'avenir dans la dimension de son projet.

Ayant déjà un CAP de coiffure et un diplôme de conseil en image, qu'elle a déjà expérimenté à travers des petites missions, en dehors de son temps de travail, Véronique a pris conscience qu'il est tout à fait possible de faire de la coiffure un métier à part entière, tout comme elle a pu comprendre que le projet d'esthéticienne émane d'une envie d'évolution pour répondre à une meilleure image d'elle-même et à celle attendue par ses parents.

- *__L'analyse des compétences__*

Vous constatez jusque-là que le bilan, dans un premier temps, n'est qu'une exploration de cadres de référence de la personne et des éléments qui constituent sa personnalité. L'identification des compétences vient dans un deuxième temps, dans l'objectif de vérifier si ce que la personne souhaite atteindre comme objectif est réalisable.

Pour identifier ses compétences, je l'ai invitée à répertorier distinctement, dans un tableau, les compétences de base, celles qui sont communes à plusieurs types de métiers, et les compétences transférables au métier d'esthéticienne. L'objectif de l'exercice étant de prendre en considération les compétences utiles pour la suite du projet et celles qu'il serait opportun de mettre en veille pour faciliter la réflexion.

En définissant la compétence comme une expérience complètement intégrée par la personne, vous pouvez vous baser sur tout ce que la personne applique d'une manière automatique ou inconsciente, sans faire d'effort pour l'identifier.

◊ *__Autodiagnostic__*

Il convient que la personne liste ses compétences et les classe par catégories de acquises complètement à plus ou moins acquises.

Compétences	Acquises++	Acquises+-	J'aimerais garder	J'aimerais éliminer	Utile pour le projet	J'aimerais ajouter

À la suite de cet exercice, le sujet a une visibilité évidente sur ce qu'il possède en termes de compétences, et il connaît ses besoins quant à l'aboutissement de son projet. C'est là où se joue souvent la prise de décision de poursuivre l'exploration de l'idée ou de l'arrêter.

Grâce à ces procédés d'autodiagnostic, l'enthousiasme de Véronique grandissait au fur et à mesure que nous avancions dans la définition du projet. De morose, elle s'est transformée en une femme épanouie habitée par une forte volonté d'aller de l'avant.

Elle prenait conscience que le manque d'estime de son entourage familial pour les métiers de l'esthétique, ainsi que son manque de confiance en elle pour pouvoir les convaincre, agissaient comme des blocages sur la courbe du changement. Véronique se situait au niveau du Déclic.

Pour l'aider à avancer vers la phase d'engagement, nous avons entamé le travail vers une prise de confiance en elle. Nous avons recherché ces ressources dans des situations antérieures réussies, dans le but de pouvoir les reproduire dans le cas présent. Plus exactement, je me suis basée sur le processus de réussite qu'elle utilise afin d'atteindre une situation désirée.

Pour avoir confiance en soi, toute personne a besoin d'avoir une estime d'elle-même, ou un regard positif à son égard. Avant d'étudier avec Véronique comment acquérir confiance en elle dans certaines situations, je lui propose de passer le test d'estime de soi de Rosenberg :

En répondant à ce test, vous pourrez ainsi obtenir une évaluation de l'estime de soi de vos candidats et mesurer leurs capacités à s'encourager pour réussir.

Pour chacune des caractéristiques ou descriptions suivantes, indiquez à quel point chacune est vraie pour vous en encerclant le chiffre approprié.

1 = Tout à fait en désaccord

2 = Plutôt en désaccord

3 = Plutôt en accord

4 = Tout à fait en accord

1. Je pense que je suis une personne de valeur, au moins égale à n'importe qui d'autre.	1-2-3-4
2. Je pense que je possède un certain nombre de belles qualités.	1-2-3-4
3. Tout bien considéré, je suis porté à me considérer comme un raté.	1-2-3-4
4. Je suis capable de faire les choses aussi bien que la majorité des gens.	1-2-3-4
5. Je sens peu de raisons d'être fier de moi.	1-2-3-4
6. J'ai une attitude positive vis-à-vis moi-même.	1-2-3-4
7. Dans l'ensemble, je suis satisfait de moi.	1-2-3-4
8. J'aimerais avoir plus de respect pour moi-même.	1-2-3-4
9. Parfois, je me sens vraiment inutile.	1-2-3-4
10. Il m'arrive de penser que je suis un bon à rien.	1-2-3-4

Comment évaluer votre estime de soi ?

Pour ce faire, il vous suffit d'additionner vos scores aux questions **1, 2, 4, 6 et 7.**

Pour les questions **3, 5, 8, 9 et 10,** la cotation est inversée, c'est-à-dire qu'il faut compter 4 si vous entourez le chiffre 1, 3 si vous entourez le 2, 2 si vous entourez le 3 et 1 si vous entourez le 4.

Cet exercice me permet de constater l'ancrage négatif qui l'empêche d'avancer.

◊ *Méthodes et moyens utilisés pendant cette phase*

Pour clarifier la situation et en termes de supports, nous avons travaillé avec :

- La grille des besoins de Maslow.
- La grille de Dilts.
- L'échelle d'estime de soi de Rosenberg.
- L'échelle de confiance en soi qui consiste à positionner sur une échelle de 1 à 10 son niveau de confiance en elle et de dire ce qui lui manquerait pour arriver au niveau désiré.
- Le test d'inventaire des intérêts professionnels de Central Test, qui a permis de dégager ses centres d'intérêt et de s'assurer de la bonne direction du projet.
- La méthode élaborée par Carrières Conseils a aidé à répertorier et mettre à jour les formations et les expériences effectuées et de valoriser les points forts et d'identifier les points d'efforts.

↘ *À retenir :*

Pendant l'étape d'exploration, les enjeux sont importants. C'est le moment où le sujet livre son parcours, sa personnalité, ses valeurs et ses motivations au consultant. C'est à ce moment que le consultant fait toute la différence en confirmant ou en infirmant les hypothèses émises lors de l'analyse des besoins, d'où la nécessité de savoir lier les informations entre elles pour les analyser.

b. Deuxième étape : la phase d'identification du métier idéal

Une fois que la phase d'exploration est terminée, nous pouvons procéder à la phase d'identification du métier idéal, celle qui consiste à analyser tous les critères et informations recueillis dans la première étape du parcours projet.

Durant cette phase, j'ai proposé à Véronique d'effectuer une exploration de ses métiers de prédilection et de réaliser une enquête terrain. Elle a pu interroger des professionnels du métier qui l'ont confortée dans son choix.

En se servant des fiches métiers mises à sa disposition sur les différents sites dédiés à la découverte des métiers, je l'ai invitée à faire un exercice simple pour l'aider à clarifier ses idées et à éliminer le métier qui ne correspond pas à ses attentes. Elle a pu garder, en l'occurrence, celui qui lui convient.

◊ *Autodiagnostic*

Mettez une croix dans l'une ou l'autre des cases si le métier répond à vos attentes, faites le total et comparez. Qu'en déduisez-vous ?

La liste de vos critères	Fiche métier : Coiffeuse	Fiche métier : Esthéticienne
Autonomie		
Créativité		
Possibilité d'évolution		
Salaire convenable		
Contact humain		
Horaires flexibles		
Hiérarchie souple		
Environnement de bien-être		
Total		

Elle a analysé de plus près le marché de l'emploi et constaté qu'un CAP de coiffure ne lui suffirait pas pour gagner sa vie telle qu'elle l'envisageait.

Elle a réussi à entrer en contact avec plusieurs centres de formation qui l'ont aidée à peaufiner son projet et à connaître la réalité du terrain.

D'autre part, elle s'est projetée à court, moyen et long terme, ce qui lui a permis de tracer une trajectoire évolutive de sa carrière vers la création d'entreprise à long terme.

◊ **Petit questionnaire pour l'enquête terrain :**

- Quel est le détail d'une journée type du métier ?
- Les avantages et inconvénients du métier ?
- Quel est le diplôme exigé ?
- Le salaire en début et en fin de carrière ?
- Y a-t-il des possibilités d'évolution ?
- Quelle est votre marge d'autonomie ?
- Avez-vous eu des difficultés pour trouver un poste ?
- Par quel biais les recruteurs passent pour trouver les candidats (réseaux, Internet...) ?
- Les amplitudes horaires ?
- Les conditions physiques... ?

◊ *Méthode et moyens utilisés pendant cette phase*

- Fiches métiers (Onisep, CIDJ, les métiers.net...).
- Offres d'emploi sur Indeed, Monster, le Pôle emploi...
- L'étude statistique de l'Observatoire de l'emploi.
- Chat sur les réseaux sociaux.
- Dessin de la situation actuelle et de la situation désirée.

Le moment le plus fort de cette séquence fut celui où j'ai demandé à Véronique de fermer les yeux et de s'imaginer dans quelques années au poste actuel, celui qu'elle n'arrive pas à abandonner au détriment de sa santé. J'ai vu son visage se décomposer, elle a témoigné : « Je me suis vue vieille, les cheveux blancs, [...] malade et sans dents. »

Je l'ai ramenée à la réalité et lui ai demandé de fermer les yeux et de s'imaginer qu'elle a changé de métier et qu'elle est devenue esthéticienne ; elle a retrouvé le sourire et elle m'a dit *« Je suis bien, je suis heureuse, je revis »*.

↘ À retenir :

Le métier idéal est celui qui répond à la majorité des critères du candidat : c'est mathématique. Plus le nombre des éléments constitutifs du projet est élevé en termes de ressemblance, plus la satisfaction du sujet est élevée.

c. Troisième étape : la phase d'intégration du changement

Après avoir rassemblé toutes les informations utiles à la bonne marche du projet et effectué une analyse pointilleuse des deux métiers, Véronique a pu ainsi valider le projet d'esthéticienne. Elle a constaté qu'il lui laisse une marge d'évolution plus importante et une possibilité de créer son salon d'esthétique à l'avenir. Ce métier regroupe, selon elle, les trois grandes lignes des métiers souhaités : coiffure, conseil en image et esthéticienne. Elle a constaté qu'il est réaliste et réalisable à plus long terme, puisqu'elle souhaite entreprendre et bien gagner sa vie.

Rationnellement, tout semble réaliste, raisonnable et atteignable, Véronique devrait pouvoir réaliser son projet sans que ce dernier lui engendre des problèmes. Elle a les atouts, les capacités et les moyens d'y parvenir.

Reste un élément essentiel dans la démarche de réalisation du projet. C'est à cette étape que nous pouvons constater la performance d'une méthode appliquée pendant le bilan.

Souvenez-vous que Véronique craignait la réaction de son entourage quant au projet d'esthéticienne, elle s'est mise dans une bulle d'hibernation pour se protéger. Elle est en demande d'aide pour dépasser ses craintes et entamer le changement.

À ce stade, il m'a semblé impératif de vérifier l'impact de ce changement souhaité sur l'entourage de Véronique. J'ai vérifié avec elle s'il lui était possible de dépasser ses blocages et d'assumer son choix. Nous avons identifié les ressources passées dans des situations comparables, l'idée étant de retrouver comment elle réussissait à convaincre ses parents. Nous avons pris des exemples concrets et nous avons fait des simulations de situation.

↘ *Les six points à se souvenir pour aider la personne à s'engager dans une démarche de changement* :

1. Analyser la demande implicite du candidat et transformer ses désirs en objectifs (Recueil d'informations sur l'état présent et l'état désiré).

2. Vérifier que le changement aura un impact positif sur le sujet et son entourage.

3. Rechercher des ressources : Identifier des situations passées positives qui permettront de servir de ressource pour passer de l'état présent à l'état désiré.

4. Faire émerger le potentiel interne et externe afin d'aider le sujet à transformer la situation et dépasser ses blocages.

5. Vérifier si le changement est en adéquation avec la demande initiale du sujet et s'il est possible de maintenir le résultat sur du long terme

6. Rester vigilant et en conscience externe et centré sur le candidat pour observer toutes les modifications des états internes et externes du candidat et comprendre ce qui se joue pour lui à différents moments.

↘ ***Méthode et moyen mis à disposition de cette étape :***

- Création d'une alliance.
- Le récit de vie.
- La méthode de l'entonnoir pour faire le tri.
- Travail collaboratif : authenticité, congruence et non-jugement.
- Le dessin et la projection.
- L'enquête métier et l'enquête terrain.
- Mise en situation (Je prends le rôle de la mère et elle de la fille qui doit me convaincre, qu'est-ce qu'elle peut mettre en avant comme arguments ?).

d. Quatrième étape : la phase de conclusion

Ayant réussi à dépasser ses craintes, Véronique est passée dans cette phase de la réflexion à l'action, elle a demandé un dossier de prise en charge à l'OPCO et une autorisation d'absence à son employeur. Elle a fait le choix de l'organisme de formation qui répond le mieux à ses attentes.

Elle a établi un planning des actions à mener et fait le nécessaire afin de compléter son dossier et faciliter l'acceptation du financement de la formation.

Elle a activé son réseau professionnel dans le domaine de la coiffure, pour faire du buzz autour de son prochain métier.

À retenir :

Il est très important que la personne puisse définir dans le temps à quel moment elle souhaite réaliser son projet. Par quelle action souhaite-t-elle commencer et quelles sont les personnes-ressources sur lesquelles elle peut s'appuyer. C'est un signe d'engagement et d'amorçage du processus de changement.

Le rôle que j'ai joué pour atteindre ce résultat satisfaisant n'est autre qu'accompagner Véronique vers une prise de conscience de sa faculté à résoudre les problèmes par elle-même. Je lui ai montré le chemin et tenu la main pour qu'elle traverse la route.

↘ À retenir :

Pour accompagner le candidat durant les différentes phases du changement :
- S'assurer de l'engagement du candidat.
- Faire émerger l'origine du problème.
- Faire émerger les ressources personnelles pour résoudre le problème.
- Encourager les réussites pour redonner confiance.
- Mettre en place un plan d'action.
- Faire un retour régulier pour entretenir l'élan.

Toute phase de conclusion se termine par une synthèse qui récapitule toutes les actions menées durant le bilan et met en avant le plan d'action. Ce document est la propriété du candidat et doit être détruit immédiatement, sauf sur demande écrite de la part du sujet. Dans ce cas, il peut être conservé pour une durée d'un an. En dehors de la synthèse rédigée pour une prise de conscience et le résumé le bilan, je peux dire que cet accompagnement fut une vraie réussite. En partant de l'hypothèse que la demande de Véronique relevait davantage d'un blocage personnel que professionnel et en adaptant mes pratiques à ses besoins, j'ai pu ainsi l'accompagner sans difficulté.

Le travail en bilan fut bien plus centré sur la situation actuelle et sur la situation désirée que sur l'énumération de ses compétences. Une fois cette phase éclairée, le passage fut simple et évident.

↘ *Quelques astuces pour agrémenter vos pratiques*

- Toujours avoir l'accord du candidat sur ce que vous allez faire ensemble en séance.
- Détacher le métier de son environnement.
- Tenir compte de la communication non verbale.
- Ne pas interpréter.
- Ne pas juger, ne pas vouloir à la place du candidat.
- Utiliser les mots du candidat.
- Reformuler en amenant la réflexion plus loin, résumer.
- Analyser et exploiter les données.
- Confronter la personne à ses contradictions.
- Ne pas essayer de convaincre.

◊ *ANNEXE* :
Formulaire à compléter par le candidat afin de connaître ses attentes explicites

Nom : ....   Prénom : ....
Entourez les raisons qui vous ont poussé(e) à entreprendre un bilan de compétences :

Raisons personnelles :
1. Désir de reconnaissance sociale.
2. Désir d'évolution.
3. Besoin d'une Validation des acquis (diplôme).
4. Besoin d'occuper un poste plus adapté à vos compétences.
5. Besoin de formation.
6. Autre (précisez)..............................

Raisons extérieures :
1. Besoin de plus de sécurité financière.
2. Environnement professionnel stressant.
3. Durée du trajet entre votre emploi et votre domicile.
4. Mutation, déménagement ou expatriation.
5. Retour après une longue absence.
6. Horaires peu adaptés à votre vie personnelle.
7. Autre (précisez)..............................

Ce que vous attendez de ce bilan :
1. Vous épanouir professionnellement.
2. Une évolution au sein de votre entreprise actuelle.
3. Obtenir une VAE ou choisir une formation adaptée.
4. Créer votre entreprise.
5. Vous orienter vers un poste plus adapté à votre vie personnelle.
6. Une reconversion au sein de votre entreprise actuelle ou en dehors.

Étude de cas n° 2
selon l'approche systémique :
Le cas de Mathilde

« La raison discute. La sagesse oriente.
La connaissance aiguise sa vision. »

Cette étude de cas vise à traiter, selon l'approche systémique, l'analyse de la demande de Mathilde. Elle se veut le témoignage de l'impact que l'entourage de la personne a sur ses choix et ses décisions. Le parcours classique du bilan reste toujours le même, et respecte les trois phases légales. La différence par rapport aux deux autres cas se trouve dans l'approche par laquelle j'aborde la problématique. Le consultant coach ou psychologue peut, selon la situation, adapter d'entrée de jeu sa technique. Les différentes approches psychologiques atteignent à un certain niveau une limite, d'où l'intérêt du consultant coach ou psychologue d'enrichir ses pratiques par différentes techniques.

Une étude de cas est un terrain d'expérimentation où conseiller et candidat collaborent pour trouver un compromis favorable pour le sujet. C'est aussi une aventure sans destination définie, qui nécessite un commandant de bord compétent pour mener le candidat à bon port.

L'approche systémique vise à replacer l'individu dans son environnement familial et économique. Elle permet au conseiller de prendre du recul par rapport à la situation présentée, et de la traiter en partant du système d'interaction que l'individu entretient avec son entourage personnel et professionnel. Connaître les personnes impliquées dans la problématique est indispensable pour analyser les intérêts généraux de son entourage en terminant par les intérêts de l'individu.

S'il m'est apparu évident de traiter l'étude de cas de Mathilde en m'appuyant sur l'analyse systémique, c'est qu'il était flagrant que la problématique évoquée par Mathilde émanait d'un dysfonctionnement du système. En élucidant le problème de communication que Mathilde entreprend avec l'un de ses supérieurs, c'est un moyen de comprendre ce qui se joue derrière la demande principale du bilan.

Je vous présente un aperçu, qui vous permettra aussi de suivre avec moi la progression et la mise en place du projet de Mathilde.

a. Contexte du bilan

Responsable ressources humaines, Mathilde est arrivée en bilan de compétences en manifestant une forte envie de quitter son entreprise en raison d'une mésentente et du manque de considération de la part de son directeur financier.

Elle témoigne : « *Il ne me concerte jamais dans sa prise de décision et quand je lui demande de réaliser certaines tâches ou de prendre certaines décisions, il ne m'écoute pas. C'est comme si je n'existais pas. Je ne retrouve plus mes valeurs dans cette société.* »

LH : De quelles valeurs s'agit-il ?

Mathilde : « *Moi c'est l'humain qui m'intéresse et eux c'est les chiffres.* »

Mon hypothèse fut de soupçonner un grand écart entre les intentions des uns et des autres, une raison suffisante à mon sens pour chercher le dysfonctionnement au niveau du système de communication et d'interprétation des valeurs.

En suivant le parcours de Mathilde, vous allez comme moi constater qu'elle a changé assez souvent d'entreprises sans pouvoir donner une explication valable à ses démissions successives, ce qui l'a fortement perturbée.

Pendant ses études de droit, Mathilde a occupé un poste de responsable RH à temps partiel au *McDonald's*, qu'elle a complété par un temps plein à la suite de sa licence.

Ce poste était épanouissant par la découverte du métier et la polyvalence des tâches. Un an plus tard, elle a passé sa maîtrise de droit en cours du soir, tout en poursuivant son activité. Ayant quitté le *McDonald's* en 1997, elle a approfondi ses connaissances de l'entreprise à travers le DESS en administration des entreprises. Depuis cette date, elle a occupé plusieurs postes, toujours en tant que responsable de ressources humaines et elle s'est engagée en 2012 auprès de la société Y, en qualité de gestionnaire des ressources humaines. En parallèle, elle avait son activité d'autoentrepreneur en tant que consultante en ressources humaines.

Depuis quatre ans dans la société, elle effectue les mêmes tâches en ayant de plus en plus de sociétés à gérer. Suite à un changement de responsable, les relations se sont dégradées et elle s'est sentie moins autonome et dépourvue de certaines missions valorisantes. Le poste est devenu moins attrayant et elle s'est questionnée sur sa valeur ajoutée.

L'élément essentiel, déclencheur du bilan de compétences, fut un mal-être, et le sentiment d'être inutile depuis la nomination d'un directeur financier qui est devenu son supérieur hiérarchique auprès duquel elle se sent mal considérée. Elle s'est donc décidée à franchir le pas pour faire un bilan de compétences.

Résumé du parcours - Formations initiales

1997 - Niveau DESS Administration des entreprises
1993 - Maîtrise de droit privé
1991 - Licence de sciences juridiques et politiques - option droit
1990 - DEUG de droit
1988 - Baccalauréat série B

◊ Quelques dates qui illustrent son parcours professionnel et les changements d'entreprises :

- Janvier 2012 à ce jour - RRH.
- Juin 2010 - déc. 2012 - Consultant coach ou psychologue RH.
- Mai 2009 - juin 2010 - RRH.
- Déc. 2004 - mars 2008 - RRH.
- Octobre 1999 à mai 2003 - Responsable du personnel.
- Juin 1998 à mai 1999 - RRH.
- Septembre 1991 à janvier 1997 - RRH.

◊ Ses attentes explicites énoncées lors du bilan de compétences :

- Comprendre le sentiment de mal-être.
- Savoir si le poste en l'état lui convient.
- Savoir si le poste de responsable RH pourrait lui convenir à l'avenir.
- Comprendre l'origine des conflits avec le DAF.
- Trouver un projet plus adapté à sa personnalité lui permettant de se sentir bien.
- Savoir si elle doit réellement quitter ou rester dans l'entreprise.
- Savoir si c'est l'environnement ou bien le poste en lui-même qui ne lui convient plus.

« J'ai besoin que le bilan de compétences m'aide à trouver ce qui est en moi et que je n'arrive pas à voir, à exprimer, je me questionne sur mon travail dans ma structure actuelle et je me remets en question dans mon domaine d'activité. »

Durant son témoignage, Mathilde m'a souvent parlé d'une relation directe qu'elle avait avec le directeur général avant l'arrivée du directeur administratif. Celle-ci a été interrompue depuis que ce dernier est devenu son supérieur hiérarchique.

« Avant, le directeur général prenait mon avis tout le temps et je me sentais écoutée. »

Outre les mécontentements listés par Mathilde, il m'a semblé évident qu'elle apprécie plusieurs avantages que son métier lui permet de conserver. Sachant que son équilibre familial dépend de l'équilibre dont elle peut bénéficier dans le milieu professionnel, Mathilde a avoué que son poste lui laisse une grande marge de liberté, à savoir : elle garde son mercredi après-midi pour sa fille, la proximité de son domicile lui permet de rentrer tôt chez elle, ainsi qu'un salaire convenable qu'elle aimerait faire évoluer à l'avenir.

Lorsque le consultant coach ou psychologue constate des contradictions, il doit amener le candidat à clarifier la situation ; ce que l'école systémique qualifie de messages paradoxaux qu'il nous est attribué de déchiffrer. Faire émerger les ambivalences chez le candidat pour le faire prendre conscience du problème est un premier pas vers la solution.

Exemple : *Vous me dites que vous souhaitez à tout prix changer de poste alors que vous m'expliquez que votre poste présente énormément d'avantages. Que dois-je en conclure ?*

Mathilde : *« Oui c'est vrai, je veux changer de métier, mais si j'arrive à garder les mêmes conditions ailleurs. »*

b. Première étape : découvrir les causes du bilan

Avant de me lancer dans une recherche infernale de compétences afin de les mettre à profit dans le projet, je me hasarde à reconstituer l'environnement dans lequel Mathilde évolue.

J'ai identifié également les personnes susceptibles de l'influencer, les solutions qu'elle a déjà mises en place et émis des hypothèses pour identifier le réel besoin qui la motive actuellement à réaliser son bilan de compétences.

Souvenez-vous que chaque action est motivée par un besoin. J'insiste en affirmant encore une fois qu'un des rôles principaux d'un consultant coach ou psychologue est d'identifier avant tout les besoins du sujet en bilan, afin de les analyser et d'être en cohérence avec sa demande. Pour vous faciliter la tâche, il convient de traiter la problématique par étapes en vérifiant une par une les hypothèses.

↘ *Hypothèses :*

1- Le positionnement du DAF en tant que supérieur hiérarchique a suscité chez Mathilde un sentiment de rétrogradation et provoqué un conflit d'intérêts, d'où l'origine des problèmes de communication entre les deux protagonistes.

2- Ayant changé de société à chaque fois qu'elle rencontre une difficulté en donnant sa démission, je cherche à savoir si le problème émane d'un dysfonctionnement dans la communication ou d'un manque d'intérêt pour le poste occupé.

D'entrée de jeu, il m'était difficile de comprendre le système d'information interne sans l'adhésion de Mathilde. Je m'applique donc à instaurer, comme à chaque début de bilan de compétences, une Alliance qui permet à Mathilde de se sentir en confiance.

Car pour obtenir l'adhésion du candidat et faire un travail collaboratif, le conseiller se doit d'adopter une posture d'égal à égal, en faisant preuve d'empathie concernant la situation vécue. Sachez que le candidat, malgré toute la confusion avec laquelle il arrive en bilan, sait pertinemment ce qui lui convient ou pas. La période de trouble qu'il traverse accentue son émotion et l'empêche de prendre des décisions rationnelles et dépourvues de tout attachement. Une personne comprise est une personne confiante, qui nous autorise à l'accompagner sereinement vers le bon choix. Je dirais même que c'est le candidat qui nous oriente vers la meilleure voie le concernant.

↘ Astuce :

Une Alliance implique une écoute inconditionnelle, une empathie et une attitude congruente sans jugement, qui permet au consultant coach ou psychologue d'accéder à des couches sous-jacentes d'informations autrement inaccessibles. Pour créer cette alliance avec le candidat et la maintenir dans le temps, il faut poser un cadre de travail, le respecter, et obtenir l'approbation du candidat à la fin de chaque séance. (Grâce, notamment, à quelques questions telles que : « Êtes-vous satisfait de l'avancement du bilan ? Y a-t-il des questions ou des points sur lesquelles vous auriez souhaité travailler ? » etc.)

Notez que l'importance de l'information obtenue réside dans l'usage que chaque conseiller s'autorise à en faire. Grégory Batesson, créateur de l'école de Palo Alto (1904-1980), pensait que :

« Entre deux individus en interaction, il existe deux démarches de communication : la première, dite symétrique, est une sorte de confrontation qui conduit à l'escalade ; la seconde, complémentaire, se veut une réponse à l'attente de l'autre, elle est recherche d'un compromis. » (Durant, 1979, p. 45-46).

Il est donc important, voire primordial, d'être complémentaire avec les candidats. Un consultant coach ou psychologue n'a pas pour vocation de convaincre pour avoir raison. La bonne raison c'est celle de la personne elle-même, puisque c'est son projet. Mais c'est aussi à elle de la mettre en place lorsque le bilan s'achève. Or, une personne autonome et efficace est une personne qui s'est investie pour y arriver. N'est-ce pas notre rôle de conseiller de les rendre autonomes tout en leur montrant le chemin ?

- ***Méthode et technique***

Pour traiter ce cas, je mets en pratique le principe de modélisation systémique en quatre étapes, à la fois souple et pragmatique qui peut s'adapter à plusieurs situations rencontrées.

En respectant les trois phases du bilan imposées par la loi, nous pouvons toujours rester souples sur la méthode que nous utilisons à l'intérieur du cadre.

- **Pour fixer les finalités, il faut :**

▶ Définir et comprendre les besoins du candidat.

▶ Connaître son objectif final. Cela implique de comprendre s'il souhaite une évolution verticale, horizontale, un changement de métier, un changement d'environnement, une amélioration de salaire, une reconnaissance au travail, une recherche de sens, etc.

- **Pour délimiter les frontières, il faut :**

▶ Comprendre les enjeux et connaître l'environnement interne et externe du candidat.

Souvent, les personnes en bilan sont liées à un entourage qui leur est cher et les engage dans des investissements financiers ou affectifs (parents, enfants, collègues...). Savoir qui est concerné par ce bilan et jusqu'à quel point la personne est prête à changer, évite aux consultants coach ou psychologues de s'égarer dans des prouesses inenvisageables par le candidat.

En termes de délimitation des frontières, nous pouvons déduire qu'avec le manque de considération du DAF, Mathilde a atteint les limites du supportable pour elle. Un élément essentiel à exploiter plus tard dans le déchiffrage de l'énigme. Le métier de DRH est-il vraiment en cause ou bien est-ce le problème de communication qui provoque à lui seul une telle réaction ?

- **Pour être un consultant coach ou psychologue en phase, il faut :**

▶ Être à l'écoute de ce que veut son candidat, sans jugement, en l'aidant à y voir plus clair.

▶ Organiser une pensée, classer des priorités, ranger par ordre de faisabilité et analyser le contenu en lui donnant un sens, tel est notre rôle, sans interférer avec le souhait de ceux qui nous concertent.

↘ Astuce :

Ayez toujours en tête que les besoins du candidat ne correspondent pas forcément à vos besoins, étant donné que c'est lui le sujet. Pour l'aider à atteindre ses objectifs, il faut l'accepter tel qu'il est et le comprendre.

Pour Daniel Durant :

« Il est indispensable de consacrer du temps et les efforts nécessaires à bien identifier la finalité et délimiter les frontières. N'étant pas évidente, il convient de fixer la finalité avec un certain arbitraire au besoin. Quant à la question de frontière, il convient de les délimiter dès le départ. C'est un des trois types de découpage majeur des systèmes. » (Durant, 1979, p. 66).

- **La mise en pratique**

Une série de questions en début de bilan peut aider à analyser les besoins du candidat et son degré d'engagement : (formation, VAE, création d'entreprise)

- *Quelle est la situation actuelle qui vous amène à faire aujourd'hui un bilan de compétences ?*
- *De quoi avez-vous réellement besoin à travers ce bilan ?*
- *Quel est le niveau de changement que vous souhaiteriez opérer ?*
- *Avez-vous déjà une ou plusieurs idées ?*
- *Êtes-vous soutenu par votre entourage pour réaliser votre projet ?*
- *Êtes-vous disponible en ce moment pour vous investir dans votre bilan ?*
- *Qu'attendez-vous réellement du consultant coach ou psychologue en bilan ?*
- *Qu'avez-vous déjà entrepris avant la démarche du bilan ?*
- *Que souhaiteriez-vous entreprendre à l'issue du bilan ?*

Définir le contexte permet au conseiller et au sujet de s'immerger dans le monde réel du sujet. Dans la méthode systémique, en accompagnement du récit de vie, une illustration graphique s'impose. Car selon Daniel Durant, « *La représentation graphique est un système de signes destiné à l'œil, alors que le langage parlé est destiné à l'oreille. La différence est importante : les systèmes de signes destinés à l'oreille sont linéaires et temporels, en revanche la perception visuelle comporte trois variables : une d'intensité et deux de position (abscisse et ordonnée) dans le plan cette perception est spatiale et atemporelle.* » (Durant, 1979, p. 57).

Pour comprendre ce qui se joue dans la vie professionnelle du candidat et vers quoi il tend à l'avenir, le conseiller peut proposer un exercice simple qui consiste à retracer sa carrière professionnelle sous forme de graphique.

◊ *__Exercice__* :

Présentez votre parcours professionnel sous forme de graphique, en illustrant de la manière la plus simple votre carrière professionnelle, les postes et les années correspondants peuvent être présentés à l'horizontale ou à la verticale.

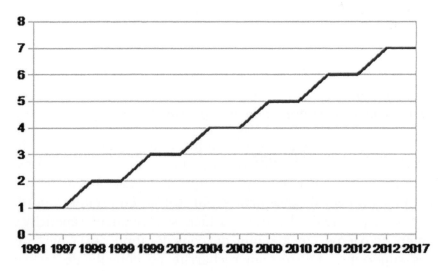

↘ Astuce :

Si vous êtes en face d'une personne qui ne s'exprime pas suffisamment, vous pouvez lui demander d'illustrer son parcours par des dessins et des graphiques de tout genre. Ceux-ci peuvent vous servir d'outils d'une valeur incontestable.

LH : Que constatez-vous, votre parcours est-il évolutif ou linéaire ?

Mathilde : « *Mon parcours est linéaire, j'ai toujours fait à peu près la même chose avec des variantes plus ou moins marquantes.* »

LH : Si vous changez aujourd'hui, ce sera pour un poste équivalent avec quelques modifications ou bien des responsabilités supérieures ?

Mathilde *:* « *Non, un poste équivalent, les responsabilités supposent que je m'implique plus en passant beaucoup de temps, alors que je souhaite passer du temps avec ma famille et continuer à faire mes activités sportives.* »

LH : Votre objectif est-il de changer complètement de métier, ou bien d'ajuster l'existant pour correspondre mieux à vos besoins actuels ?

Mathilde : « *Si en ajustant l'existant, en y ajoutant une part humaine plus conséquente, j'arrive à m'épanouir, pourquoi pas, ça me permettra de conserver des compétences accumulées tout au long de ma carrière, sinon je veux bien changer.* »

▶ **_Premier constat_** : le graphique a permis à Mathilde de prendre conscience des différents changements qu'elle a opérés, de faire le lien entre les ruptures qu'elle engage à chaque fois qu'un sentiment d'agacement se fait sentir. Au premier abord, il y a un problème dès que les tâches deviennent répétitives et en deuxième, un manque de considération de la part de ses supérieurs. Elle est en recherche perpétuelle de tâches intéressantes et aussi de reconnaissance de ses compétences par ses supérieurs hiérarchiques.

▶ ***Second constat*** : Sa carrière est linéaire et elle ne souhaite pas la modifier pour ne pas avoir des responsabilités supplémentaires. Sa déclaration fut intense lorsqu'elle me dit avoir besoin d'un épanouissement personnel en dehors du travail.

« J'ai toujours été sportive et je compte le rester, mes séances d'athlétisme sont hyper importantes pour moi et je m'entraîne plus de quatre fois par semaine. » Ce qui lui permet de repérer ses priorités.

En résumé, elle recherche un travail polyvalent plus axé sur l'aspect humain, et mieux reconnu par ses pairs, tout en conservant les avantages de la proximité, d'un bon salaire et des horaires en adéquation avec sa vie de famille et ses activités sportives.

L'hypothèse de remplacer le DAF et obtenir des responsabilités plus élevées est maintenant exclue. Ayant étudié avec Mathilde les critères de choix dont elle a besoin pour sa vie personnelle et professionnelle, elle a pris conscience que le DAF est un support pour elle et non pas une menace. Il est temps de tenir compte de ce qui dépend d'elle et de ce qui provient de son entourage et des facteurs extérieurs.

Après avoir identifié les finalités et délimité les frontières du changement dont elle a besoin, nous pouvons passer à la phase suivante afin de comprendre l'environnement dans lequel elle évolue et mesurer son influence sur sa carrière.

↘ Astuces :

Le témoignage est un bon système de conscientisation temporel pour l'oreille, alors que le dessin est un outil atemporel utile à l'œil. En additionnant les deux, le consultant coach ou psychologue peut optimiser l'efficacité de son intervention. Raisons qui m'entraînent souvent à demander un dessin pour illustrer le témoignage des candidats. Aussi, pour faire passer des messages aux candidats habituellement difficiles à faire entendre, un schéma est plus explicite et vous évite la confrontation. La prise de conscience se fera d'elle-même lorsque le candidat se retrouvera face à sa réalité illustrée sur le papier.

c. Deuxième étape : faire apparaître les blocages

À titre de rappel, l'approche systémique a pour vocation de nous permettre de comprendre les enjeux du système sur l'évolution de la personne dans son environnement et l'impact de ce dernier sur la prise des décisions. Pour comprendre ce qui se joue chez Mathilde avec son environnement personnel et professionnel, je lui demande de faire un graphique qui illustre son mode de communication avec ses collègues et ses supérieurs hiérarchiques, suivi d'un graphique sur son environnement proche.

Voyons ensemble comment cela peut s'appliquer dans le cas pratique de Mathilde.

◊ *Exercice* :

Chaque conseiller peut suggérer un modèle, ou bien laisser libre cours à la créativité du candidat. La deuxième étape vise en priorité à dessiner les interactions entre les différents membres d'un modèle. Le choix des sujets doit être simple et se limiter aux acteurs concernés par le cas à traiter.

Dans un premier temps, je demande à Mathilde d'observer sa manière de communiquer avec son entourage et de faire un graphique de son environnement impactant le bilan.

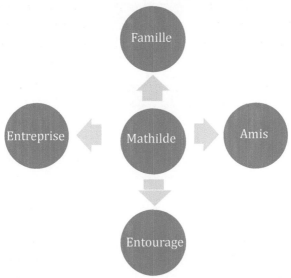

Dans un deuxième temps, je l'invite à détailler les membres de son entourage qui jouent un rôle important dans sa vie et qui peuvent l'aider dans la réalisation de son projet ou s'opposer à ce dernier.

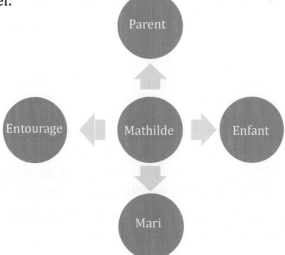

Dans un troisième temps, je lui demande de reproduire la même démarche avec son milieu professionnel.

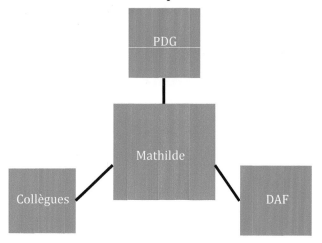

L'intérêt de cet exercice est de lui faire prendre du recul par rapport à son problème, et de se positionner en mode action. La nature des relations qu'entretient Mathilde avec son entourage professionnel peut avoir un effet positif ou négatif sur elle.

Ceci nous aide à clarifier la situation et permet à Mathilde de comprendre les enjeux des interactions. Elle peut alors faire fonctionner son libre arbitre en se détachant de son entourage et en faisant le choix d'un projet protégeant ses propres intérêts, ou pas. Dans le cas de Mathilde, elle choisit d'entretenir cette harmonie familiale et de garder un statut qui pourrait satisfaire tout son environnement.

Cet exercice n'est pas obligatoirement fait d'une manière élémentaire tel qu'il est exposé ci-dessus. Le candidat peut effectuer de nombreux allers et retours avant de réussir à faire une représentation définitive et satisfaisante pour sa situation.

En poursuivant nos investigations, nous pouvons passer à la troisième étape de la modélisation. Celle-ci sera consacrée à identifier le comportement de Mathilde avec chaque membre signalé dans l'organigramme. Il s'agit de chercher les caractéristiques de ses relations et d'identifier les particularités pour pouvoir définir le rôle de chacun sur les décisions que va prendre Mathilde pendant le bilan.

En se penchant sur l'organigramme, Mathilde fait une constatation très importante, celle de reconnaître que son DAF est son supérieur hiérarchique direct, alors que dans sa façon de communiquer avec lui elle se comporte comme étant son égale voire son supérieur. Une découverte essentielle à sa prise de conscience quant à l'origine du mal-être que génère sa mauvaise relation avec son DAF.

Pour reproduire cet exercice, je propose à Mathilde de dessiner un organigramme en positionnant hiérarchiquement les éléments de son choix. Cet exercice a pour objectif d'identifier les relations entretenues. Il permet aussi de servir de support pour aller plus profondément dans la contextualisation de la situation déclenchant le bilan.

C'est un moyen de savoir quel est le positionnement actuel de Mathilde et où elle souhaiterait être à l'avenir. Souvent, j'ai des candidats qui me confient avoir l'envie de remplacer le patron, et d'autres qui souhaitent tout simplement muter vers un autre service ou une autre vie professionnelle.

À titre d'exemple, un des candidats m'a avoué qu'en dessinant il se sentait de plus en plus enfermé dans un système qu'il voulait absolument quitter. Il avait un sentiment de frustration et de colère grandissant jusqu'au moment où il a explosé en me disant *« j'arrête, j'ai compris ! Je ne veux plus rester dans cette entreprise »*.

Une fois que ces deux étapes sont bien analysées, le consultant coach ou psychologue a le loisir de passer à la troisième phase en s'assurant d'avoir respecté les conclusions des étapes précédentes. Il a ainsi une ligne de conduite à suivre qui lui facilite l'acheminement vers la finalité qui est d'aider Mathilde à se faire reconnaître professionnellement, en particulier par le DAF, lui permettre de savoir si le métier de DRH dans l'état actuel lui convient toujours, et, sinon, de l'accompagner dans le choix d'un autre métier qui répondra à ses attentes et à son équilibre personnel.

d. Troisième étape : Analyses et solutions

Cette étape tient sa pertinence dans l'analyse de toutes les informations qui ont été rassemblées dans les deux parties précédentes. Il s'agit de déceler ce qui caractérise chaque personne de l'entourage évoquée, et son influence directe sur le comportement et les décisions du candidat.

À ce niveau du processus de modélisation, le consultant coach ou psychologue a le moyen d'apprécier ce qu'il est possible de changer dans la vie professionnelle du candidat et ce qu'il reste de l'ordre de l'impossible à modifier. Les facteurs modulables sont ceux sur lesquels nous pouvons intervenir, et c'est à cela que se mesurent la qualité de l'intervenant et sa capacité d'imagination. En effet, en bilan, il est difficile de déterminer l'origine des blocages du candidat sans avoir accès à ce qui constitue son univers le plus proche. En d'autres termes, il mentionne les êtres qui sont importants pour lui, mais aussi à qui il veut faire plaisir ou ressembler.

En cherchant la reconnaissance de son DAF, Mathilde ne cherche-t-elle pas à lui faire plaisir parce qu'il représente pour elle la figure parentale ?

Pour clarifier la situation, trois catégories d'éléments doivent être distinguées et mises en évidence de manières différentes :

- ### *Les invariants*

Ce sont les éléments du système appartenant à l'environnement du candidat qui sont fixes et ne peuvent pas être soumis à des transformations.

Dans le cas présent, deux dominantes s'offrent à nous : l'entourage familial de Mathilde et l'entourage professionnel. Je vous recommande dans un premier temps de les analyser séparément afin de comprendre les enjeux et de faire une analyse d'ensemble.

Mathilde a manifesté une forte envie de consacrer du temps à son mari à sa fille, et à sa vie personnelle en général. L'analyse qui s'impose à ce niveau du bilan indique que Mathilde n'est pas prête à faire des concessions au niveau familial pour satisfaire le DAF, même s'il lui reproche de s'absenter le mercredi, par exemple.

En ce qui concerne son milieu professionnel, les éléments invariables sont le positionnement hiérarchique et leur pouvoir sur elle (le P.-D.G., DRH, etc.).

- ### *Les contraintes internes ou externes*

Les contraintes internes peuvent correspondre à des caractéristiques personnelles, des systèmes de valeurs, des traits de caractères, des niveaux de compétences ou niveaux d'études etc., et les contraintes externes peuvent être considérées comme la conjoncture économique, l'influence environnementale, la pression familiale, les dettes etc. On peut considérer que Mathilde, en termes de contrainte interne, ne retrouvait plus les valeurs humaines pour lesquelles elle a souhaité exercer ce métier. De plus, l'absence de la notion de partage était inexistante dans son entreprise puisque les primes étaient distribuées d'une manière injuste. L'organisation hiérarchique dépasse la vision qu'elle lui accorde puisqu'elle aurait souhaité qu'elle soit participative et non « castratrice ».

- ### *Les variables*

C'est là où se trouve la valeur ajoutée de chaque consultant coach ou psychologue. Qu'est-ce que le candidat est prêt à changer pour améliorer ou modifier sa situation ? Que ce soit au niveau personnel ou professionnel, tout est important pour connaître la marge d'intervention.

Nous constatons que Mathilde ne veut rien changer à sa situation financière et familiale, mais elle était tout à fait prête à changer de métier, l'entreprise dans laquelle elle travaille actuellement et à travailler son comportement quant aux différents départs face à la première difficulté.

Au regard des informations recensées et voyant que le problème ne vient pas du métier ni de l'entreprise, ma difficulté réside dans la manière d'expliquer que la situation vécue actuellement peut se reproduire dans n'importe quelle autre entreprise. Ou bien encore avec d'autres supérieurs hiérarchiques si elle reste centrée sur son unique point de vue.

En prenant comme point d'appui la problématique relationnelle entre Mathilde et son DAF, je l'invite à illustrer ses relations professionnelles par une forme circulaire qu'elle peut interpréter par des pourcentages.

◊ *Exercice 1 :*

Cet exercice consiste à amener le candidat à prendre conscience de sa situation en accentuant l'importance des couleurs : souvent je leur demande d'utiliser leur couleur favorite pour les relations agréables ou fluides, et le rouge pour le contraire. Tout est symbolique, pour éveiller le bien-être ou le danger. Dans le cas présent, Mathilde a besoin simplement de produire un cercle sous forme d'un camembert, elle peut utiliser une pièce de monnaie ou un CD pour avoir des bords réguliers.

1- les membres de sa société qu'elle veut y intégrer :	2- le pourcentage de La qualité de leur relation et l'importance qu'elle leur accorde :
Le PDG	30%
DAF	50%
Collègues	20%

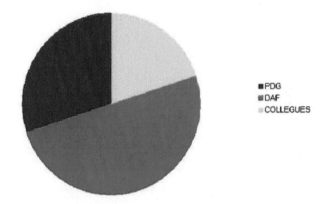

Elle attribue ensuite une couleur différente à chacun en fonction de l'importance accordée.

Ensuite, nous analysons ensemble les pourcentages attribués à chacun. Je lui demande de donner un sens à chaque pourcentage attribué.

Elle m'explique que si elle accorde beaucoup d'importance au DAF, c'est parce qu'elle est toujours en attente de sa reconnaissance alors qu'avec ses collègues et son P.-D.G., elle n'a jamais eu de problème, elle a toujours été appréciée.

Je lui demande alors quel est l'impact de chacun sur son projet professionnel ? Et elle me précise *« si mes relations ne changent pas avec le DAF, je suis prête à quitter l'entreprise et faire tout à fait autre chose »*.

Enfin, pour plus de précision, je lui demande si ses relations entre elle et son DAF changent, serait-elle prête à rester dans la même entreprise ? Ce à quoi elle répond :

« Bien sûr, si j'arrive à obtenir ce que je veux. L'idée n'est pas de quitter mon entreprise. »

◊ ***Exercice 2 :***

De la même manière, je l'invite à dessiner le camembert de son entourage proche, pour qu'ensemble nous puissions déterminer les modifications qu'elle est prête à amener dans ce domaine précis.

Elle indique à droite les membres de son entourage qu'elle veut y intégrer	Pourcentage de leur impact sur sa décision
Parents	20 %
Mari	30 %
Enfants	40 %
Amis	10 %

Elle attribue ensuite une couleur différente à chacun en fonction de l'importance accordée.

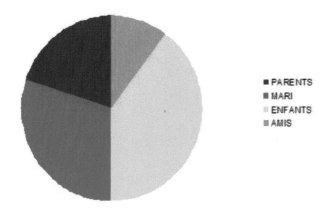

■ PARENTS
■ MARI
▨ ENFANTS
▨ AMIS

En donnant le sens de ses indications, il apparaît évident que Mathilde apporte beaucoup d'importance à l'avis de son mari et au bien-être de sa famille. Son projet n'est pas isolé par rapport à son bien-être personnel mais il faut intégrer toutes les dimensions prioritaires dans les critères de choix.

Le consultant coach ou psychologue arrive ainsi à délimiter les frontières, à connaître la zone de confort que le candidat est prêt à dépasser, à comprendre les enjeux, et à mesurer les risques que le sujet veut prendre ou pas. Lorsque j'évoque le risque, j'entends par là les engagements qui dépendent des revenus et des conditions de travail qu'il va choisir.

En analysant avec le candidat l'influence de son entourage sur son avenir, le consultant coach ou psychologue évite ainsi toute confusion ou incompréhension face à certaines attitudes qui peuvent nous sembler parfois invraisemblables : « *Je veux, j'ai le moyen de faire, mais non je ne peux pas le faire.* » Derrière ce « *NON* », il peut y avoir « *ça ne fait pas plaisir à mes parents, mes enfants ou mon patron, etc.* » Restons donc très attentifs à tout ce qui peut être dit ou pensé par l'entourage proche de la personne et leur avis par rapport à l'avancement du projet.

e. Quatrième étape : Finalisation et conclusion du bilan

Les critères de choix étant posés et la situation clarifiée, il est temps de résoudre le problème et de prendre des décisions.

Cette partie peut donc être traitée de deux manières :

- La première, algorithmique, est celle qui consiste à trouver des solutions en déduction des éléments que nous possédons.

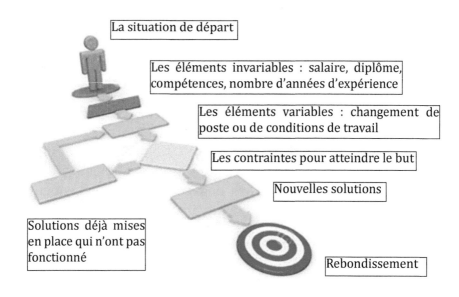

La situation de départ

Les éléments invariables : salaire, diplôme, compétences, nombre d'années d'expérience

Les éléments variables : changement de poste ou de conditions de travail

Les contraintes pour atteindre le but

Nouvelles solutions

Solutions déjà mises en place qui n'ont pas fonctionné

Rebondissement

Pour cet exercice, le conseiller a besoin de demander au candidat de remplir l'algorithme en fonction des priorités et des critères qu'il a pu identifier tout au long du bilan.

1. La situation de départ.

2. Les éléments invariables (compétences, diplôme, nombre d'années d'expérience, etc.).

3. Les éléments variables sur lesquels il peut intervenir.

4. Les contraintes (financement, salaire, accès à la formation, VAE, etc.).

5. Solutions possibles prévues en marquant le plan d'action.

• La deuxième manière est heuristique, plus intuitive, et permet de reconsidérer le problème en lien avec d'autres problèmes qui l'ont provoqué.

« La voie heuristique vise moins à la précision qu'à la recherche de toutes les solutions raisonnablement imaginables. Elle repose sur la construction de scénarios. On retiendra, par exemple, un scénario optimiste et un scénario pessimiste. Cet exercice réclame beaucoup de souplesse de la part du modélisateur. Il s'agit d'un art et non d'une technique établie, et il convient de préserver la subjectivité du meneur du jeu. » (Durant, 1979, p. 68).

J'utilise souvent cette technique pour provoquer des réactions chez les candidats qui n'arrivent pas à prendre la décision de changer quand ils savent pertinemment que la situation actuelle est nuisible pour eux.

Par exemple, je demande à la personne de fermer les yeux et de s'imaginer dans les dix ans à venir, dans la même entreprise, au même poste et dans les mêmes conditions.

C'est un effet curable d'une manière rapide et efficace, puisque j'obtiens souvent la réponse :

« Ah non, il faut absolument que je fasse quelque chose sinon je vais m'en vouloir. »

Dans le cas pratique de Mathilde, j'ai utilisé la manière intuitive, celle qui m'a permis de déduire qu'elle n'avait pas réellement envie de quitter son entreprise mais plutôt d'améliorer ses conditions en interne.

Je l'ai accompagnée dans cette prise de décision et elle en était ravie, elle a renoué des liens plus productifs avec son DAF et obtenu de lui plus de reconnaissance, la voix de la communication simple et non agressive a donné ses fruits. L'hypothèse émise au départ quant à son problème de communication a été confirmée.

Comment ai-je fait exactement ? J'ai mis en lumière son problème, en relevant les ambivalences et les agissements de

Mathilde à l'encontre de son supérieur. Je l'ai amenée à trouver par elle-même un autre mode de communication que celui qu'elle avait avant le début du bilan. Je lui ai demandé de se baser sur des situations de négociations réussies avec son DAF et l'ai invitée à les reproduire.

En conclusion, une transformation s'est fait ressentir même sur son apparence physique : nouvelle coupe de cheveux, accessoires assortis à ses vêtements, maquillage, etc.

Elle m'a avoué que le bilan lui a apporté beaucoup de changements dans sa vie professionnelle et personnelle. Elle a pris conscience que la communication est un élément essentiel pour comprendre les autres et se faire comprendre. Elle a changé son approche et obtenu beaucoup de reconnaissance en retour.

En termes de projet, elle a décidé de négocier avec sa hiérarchie pour aménager un poste sur mesure d'une manière à lui convenir. S'occuper de la formation et du recrutement en sus de la gestion de la paie, partager d'une manière équilibrée ce poste peuvent l'épanouir à nouveau et répondre à ses attentes. Malgré son envie d'évoluer, elle a bien constaté que son confort familial est plus important pour elle que tout le reste. Raison pour laquelle elle a décidé de rester dans la société et de négocier l'aménagement de son poste. Elle a saisi l'importance de la hiérarchie et compris qu'elle ne peut pas imposer son système de fonctionnement à son DAF. Autant d'informations qui ont fait d'elle une femme satisfaite et épanouie.

« Quelques recommandations en vue d'un usage de
l'approche systémique »
(Durant, 1979, p. 69).

Pour une bonne modélisation systémique :

- Analyser l'environnement et repérer les opportunités.
- Maintenir la variété.
- Respecter les contraintes.
- Accepter les conflits et rechercher les compromis.
- Identifier les niveaux et savoir passer de l'un à l'autre.
- Laisser une autonomie suffisante à chaque niveau.
- Préférer un bon schéma à un long discours.
- Chercher le bon compromis.
- Ne pas viser l'exhaustivité.
- Caractériser les relations.
- Savoir bricoler son modèle.
- Préférer la lisibilité à la quantité d'informations.
- Apprendre à bien découper les frontières, modules, niveaux.
- Utiliser les formes pour caractériser les éléments (o ¡©).
- S'attacher autant au qualitatif qu'au quantitatif.
- Tenir compte des délais de réponse.
- Identifier les systèmes de régulation.
- Savoir intégrer le flou, l'ambigu, l'incertain, l'aléatoire.
- Réserver des marges d'adaptation.

- ***Quelques questions posées à Mathilde pendant le bilan***

LH : *De quoi avez-vous besoin à travers ce bilan de compétences ?*

Mathilde : « *De comprendre ce qui se passe ce qui est le plus important pour moi et pourquoi le DAF ne me consulte jamais.* »

LH : *Est-il le seul à ne pas vous consulter ?*

Mathilde : « *Non le directeur général me consultait tout le temps, mais depuis l'arrivée du DAF, il passe directement par lui.* »

LH : En quoi cette situation vous dérange ?

Mathilde : « *Je me sens inutile, aucune reconnaissance et ce que je dis ne sert pas à grand-chose.* »

LH : Avez-vous envie d'être plus utile et plus reconnue ?

Mathilde : « *Évidemment, c'est quand même plus agréable.* »

LH : Sur quel sujet vous ne vous êtes pas sentie reconnue ? Avez-vous un exemple à me donner ?

Mathilde : « *Deux collègues m'ont fait la demande de faire une formation, puisque je ne suis plus décisionnaire depuis l'arrivée du DAF, j'ai fait remonter l'information il y a deux mois et je n'ai jamais eu de retour.* »

Étude de cas n° 3
selon une approche cognitive et comportementale :
Le cas de Valérie

« *La réussite, c'est un peu de savoir, un peu de savoir-faire et beaucoup de faire-savoir.* »
Jean Nohain

L'idée de cette étude de cas est de préparer les candidats à agir et vous éviter de les emmener sur un terrain chaotique. Cependant, nous ne sommes pas dans une démarche thérapeutique, nos limites s'arrêtent là où les compétences des thérapeutes commencent.

Chacun se doit donc de dissocier les dysfonctionnements passagers et les états dépressifs. Une personne en colère suite à un événement survenu récemment mais sans aucune idée suicidaire ni de trouble d'appétit peut être accompagnée en bilan après avoir compris et traité les raisons de sa colère. Néanmoins, une personne en situation de dépression n'est certainement pas prête pour réaliser un bilan de compétences sans un accompagnement au préalable.

La différence entre chaque étude de cas se situe dans l'accommodation du consultant coach ou psychologue aux besoins réels et au mode de fonctionnement du sujet. A-t-il une problématique liée à son environnement professionnel ou personnel ? Ou bien souffre-t-il d'un excès émotionnel qui l'empêche d'avancer ?

Voyons ensemble comment cela se traduit dans la situation de Valérie.

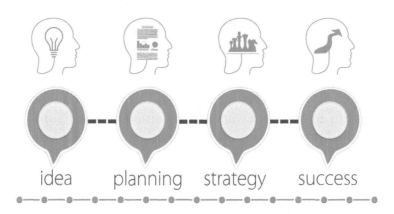

1.
Choix de la méthode
et recontextualisation

L'état émotionnel de Valérie en début de bilan imposait l'approche cognitive et comportementale comme étant la plus judicieuse pour aborder son accompagnement. Il est impossible d'entamer une démarche de bilan sans que la candidate prenne le contrôle de ses émotions. Souvenez-vous que les croyances de la personne peuvent influencer son comportement et provoquer des troubles émotionnels qui engendrent des comportements inhabituels et inadaptés. Le rôle de tout consultant coach ou psychologue tel qu'il est cité plus haut est d'aider le sujet à reprendre conscience de ses capacités en puisant dans ses ressources et en dépassant les émotions bloquantes.

a. Contexte

Salariée d'une structure publique depuis 2002, Valérie, âgée de 37 ans, a connu une progression constante et régulière : Courrier, Secrétariat, Gestionnaire conseil, Référent technique, Manager de proximité, Manager d'équipe (gestion de deux équipes de 20 personnes, dont une à distance). Elle a également participé à la conception et la mise en place des projets. Un poste polyvalent et enrichissant par la variété des tâches et la qualité des responsabilités attribuées. Titulaire du baccalauréat et ayant le niveau BTS Assistante de gestion, elle aspire à faire le point sur ses compétences à travers le bilan de compétences et d'élaborer un projet fiable et adapté à ses aspirations. Elle manifeste une forte envie d'évoluer et surtout de se sentir légitime au poste de manager.

b. L'élément déclencheur

En 2012 et depuis une restructuration fulgurante, elle a été amenée à faire face à une rétrogradation, avec un périmètre de responsabilités moins étendu et un éloignement de son domicile :

> *« Depuis cette date, je sens une régression concernant mon évolution professionnelle. J'ai une équipe de 12 personnes à gérer à la place de 35 auparavant, j'ai moins d'autonomie dans la prise de décision et une restriction au niveau des projets à mettre en place. Je vis ces moments comme une frustration et je n'arrive plus à m'investir d'une manière dynamique. »*

Dans un premier temps, Valérie me consulte pour réaliser son bilan de compétences dans la perspective de l'aider à y voir plus clair et à pouvoir amorcer un nouveau projet professionnel. Elle démarre ce bilan avec un doute sur sa légitimité en tant que manager et elle s'interroge concernant son choix professionnel. Doit-elle faire une formation pour confirmer les compétences nécessaires à un manager et asseoir sa légitimité ? Ou bien changer complètement de voie ?

c. Points de blocage

> *« Au final, je suis persuadée que le management est une fonction qui correspond à ma personnalité et à mon potentiel. »*

Cependant, elle ressent des points de blocage et un manque de confiance qui l'empêche d'atteindre son objectif idéal, celui d'accéder à un poste de management avec des responsabilités encore plus élevées. N'ayant pas obtenu son BTS au bout de deux ans d'études, elle évoque souvent un manque de légitimité au poste de management.

Elle y est arrivée par reconnaissance professionnelle, ce qui n'est pas suffisant à son goût. La rétrogradation a accentué ses doutes et l'a fortement fragilisée.

« Le diplôme n'est pas un objectif, mais il sert plutôt à atteindre un objectif. »
Souare Karamoko Idrissa

2.
Début du bilan

A-t-elle entamé un bilan de compétences pour faire le point sur ses compétences et lister ses traits de personnalité ? Ou bien la demande du bilan va-t-elle au-delà de l'explicite et cache-t-elle une demande implicite ?

En tant que consultante en bilan, je liste en premier les besoins de Valérie pour en faire la base de notre travail et je l'interroge sur sa disponibilité pour le bilan. Encore une fois, j'insiste en présentant le bilan comme la définition d'un projet, d'un accompagnement au changement, d'une aide au développement de la personne et d'un chemin vers l'autonomie. Souvent, le bilan a des limites si la personne souffre d'un manque de confiance considérable en elle-même ou d'autres troubles encore plus marquants. D'où mes interrogations :

- Est-ce le moment pour Valérie de faire le bilan ?
- Est-elle réellement prête à entendre les résultats du bilan ?
- Quel est le degré de son engagement dans ce bilan ?
- Qu'est-ce qui est le plus important pour elle ?
- Où se situent ses réels besoins ?

Des questions non négligeables à se poser au début de chaque bilan, ce qui vous évite de vous investir à la place du candidat, qui, par moments, attend tout de vous et vous considère comme le sauveur qui va lui indiquer le métier de ses rêves et lui procurer le diplôme adéquat.

a. Traitement de l'émotion

Après avoir consacré du temps à identifier, mesurer et réguler les émotions de Valérie avec une échelle de mesure de 0 à 10, je demande à Valérie de situer l'intensité de son émotion. Je lui demande par la suite à quel niveau elle souhaiterait être après le travail que nous allons effectuer ensemble (son émotion se situe à 10/10 et elle souhaite l'abaisser à 6 ou 5/10 avant de commencer le travail en bilan).

Par la suite, mon intervention consiste en un processus simple et rigoureux :

- Analyse fonctionnelle du problème.
- Mise à jour des pensées automatiques et des comportements dysfonctionnels.
- Recherche de solution et mise en place d'un plan d'action.

J'utilise le questionnement socratique pour savoir ce qui a pu l'affecter :

LH : Qu'est-ce vous ressentez en ce moment ?

Valérie : « De la colère contre ma hiérarchie ».

LH : Qu'avez-vous envie de leur dire ou faire ?

Valérie : « J'ai envie d'exprimer ma déception pour le nouveau poste que ma hiérarchie m'a attribué à mon retour de vacances, d'une manière tout à fait inattendue. »

LH : Qu'est-ce qui vous empêche de manifester votre mécontentement ?

Valérie : « La peur du licenciement. »

LH : La pire situation qui puisse vous arriver sera-t-elle plus grave que ce que vous subissez actuellement ?

Valérie : « Non, puisque je peux postuler ailleurs, pour un poste mieux payé et à la hauteur de mes attentes. »

LH : Imaginons que vous avez réussi à aller voir votre responsable, et vous lui avez dit ce que vous pensez de votre rétrogradation, comment vous sentez-vous ?

Valérie : « Mieux, beaucoup mieux. »

LH : De quoi avez-vous besoin pour oser le faire ?

Valérie : « D'être au clair avec mon projet professionnel, pour assurer ma porte de sortie. »

LH : Pensez-vous qu'à la suite du bilan de compétences, une fois le projet clair, vous serez prête à parler à vos supérieurs ?

Valérie : « Bien sûr, sans aucun problème. »

LH : Maintenant, sur la même échelle de 0 à 10, quel est votre niveau de colère ?

Valérie : « Je suis à 5. »

LH : Pouvons-nous démarrer le bilan ?

Valérie : « Sans aucun doute. »

La méthode utilisée pour calmer l'émotion (gérable) est avant tout la rationalisation d'un phénomène qui nous semble insaisissable et ingérable à la base.

La verbalisation permet à la personne de comprendre quelle est la pensée perturbatrice et de s'en libérer en mettant en place des stratégies d'action. Aussi, l'échelle de mesure permet de quantifier ce qui peut sembler inquantifiable.

Bien que l'expression des émotions soit propre à chaque personne, la façon dont nous pouvons les traiter en tant qu'accompagnateur peut être commune. Notre empathie quant à la problématique du plaignant l'amène à se sentir compris et valorisé. C'est avec confiance et sérénité qu'il se laissera guider vers la solution idéale pour lui.

b. Analyse de la demande

J'ai commencé à explorer la demande pour m'assurer d'être en phase avec les objectifs de la candidate. A-t-elle des difficultés à identifier ses compétences ou bien à les faire valoir ? L'objectif de la démarche étant de déclencher une prise de conscience sur l'origine de sa problématique, l'aider par la suite à avoir le déclic et l'amener vers le changement désiré.

Je me confonds avec sa vision de la situation pour la comprendre et pouvoir instaurer un climat de confiance. Mon intention est d'être dans l'empathie et l'acceptation inconditionnelle pour favoriser l'alliance et travailler en parfaite collaboration.

Tout d'abord, j'ai posé un cadre, en expliquant à Valérie l'objectif et le déroulement du bilan. Cela sert à rassurer la candidate. Ensuite, pour établir un climat de confiance, je me suis concentrée sur la fréquence de mes interventions, ainsi que sur le rythme et l'intonation de ma voix. Enfin, j'ai pu m'appuyer sur des questions ouvertes :

- Quels sont vos objectifs à travers le bilan de compétences ?
- Quels ordres de priorité donneriez-vous à chacun d'entre eux ?
- En quoi l'atteinte de ces objectifs est importante pour vous ?
- Qui sera impliqué dans ce bilan ?

Réponses de Valérie :

Objectif 1 :

« Je veux pouvoir identifier mes compétences et savoir quel poste me convient le mieux. »

Objectif 2 :

« Je veux aussi savoir si je dois valider mes acquis et quel type de diplôme je dois choisir. »

Ce premier entretien nous permet d'établir les objectifs principaux de Valérie : elle veut valider ses compétences managériales pour se sentir légitime, et savoir si elle peut avoir une carrière évolutive.

c. Indicateurs de réussite

À quoi mesurez-vous la réussite de votre bilan ?

« Je saurai que j'ai réussi lorsque :

Indicateur 1 - Je détecterai mes compétences et je me sentirai légitime à mon poste.

Indicateur 2 - J'aurai détecté les points d'améliorations qui me permettront de définir les formations utiles.

Indicateur 3 - J'aurai identifié le diplôme équivalent à mes acquis. »

Plus concrètement, elle souhaite identifier et développer ses compétences managériales afin de valider ses acquis, obtenir un diplôme, et ainsi s'affirmer et gagner en confiance et en légitimité.

Il faut surtout ne pas perdre de vue l'objectif initial du bilan, mais utiliser les approches au service du bilan. Comme vous pouvez le constater, cette étude de cas va être abordée par les émotions pour accéder par la suite aux compétences et au réel sens que la candidate souhaite obtenir à travers le bilan. La candidate étant submergée par des excès de sentiments de colère, il était impensable de faire autrement. Ce qui m'incite à inviter tout consultant coach ou psychologue en bilan à gérer chaque bilan d'une manière particulière et au cas par cas.

Dans ce cas de figure, je me suis attardée à connaître les priorités de Valérie, sachant qu'un problème aussi compliqué doit être résolu par étapes. En période de troubles, un candidat peut faire un amalgame entre les problèmes personnels et professionnels. Il est aussi judicieux de les dissocier avant de démarrer le bilan.

En conséquence, j'ai procédé par l'analyse fonctionnelle des pensées qui provoquent un pic d'émotions, inspirée des techniques cognitives et comportementales mises en place par Albert Ellis.

3.
Le cas pratique

En termes de contrat bipartite, je m'engage à mettre à sa disposition tous les moyens et outils nécessaires à son projet. Je lui demande, en échange, de m'apporter le maximum d'informations concernant son parcours professionnel pour que je puisse l'aider. Je lui précise que sa participation est indispensable, sans laquelle je manquerai de matière et le bilan s'annoncerait inefficace pour elle. Je l'invite à être très précise dans ses témoignages pour m'apporter les éléments utiles à mon analyse et à mon feedback. Le rapport collaboratif ainsi présenté et accepté par les deux parties, le travail peut démarrer dans un climat de confiance.

Dès à présent, Valérie est impliquée dans son bilan et je constate à quel point la co-construction est importante pour engager le consultant coach ou psychologue et le candidat dans un parcours d'investigation, sans qu'il soit vécu par le sujet comme une inquisition.

a. Instauration de l'alliance

Pour l'avoir expérimenté durant ma carrière, j'ai bien constaté qu'une alliance n'est jamais acquise, mais qu'elle se construit tout au long de l'accompagnement. Nous arriverons d'une manière simple à gagner la confiance de nos candidats par l'acceptation inconditionnelle de leurs propos sans aucun jugement, mais aussi en embrassant leur cause et en adaptant les solutions à leurs besoins. À chaque début de séance, je fais diversion en discutant de sujets n'ayant aucun lien direct avec le bilan. C'est ce que je qualifie comme un état séparateur, entre une situation stressante telle que la remise en question qu'induisent le bilan de compétences et sa concrétisation. Mon objectif étant de créer un lien, en prenant une posture basse au niveau relationnel, et d'expert au niveau professionnel. Une fois que Valérie est mise en confiance, elle se détend et se livre avec aisance, ce qui favorise le travail collaboratif.

b. Déroulement classique d'une séance

À chaque début de séance, après un bref rappel du cadre, je résume le contenu de la séance précédente, et je propose à Valérie de me faire part des éléments nouveaux et importants par rapport à notre dernière rencontre. Je l'invite aussi à s'exprimer sur l'objectif souhaité et sa priorité pour la séance.

Tout au long de la première séance, j'amène Valérie, par le questionnement socratique, à prendre conscience de sa propre contribution dans le déroulement de sa carrière. Son émotion fut intense et je constate des rougeurs sur sa figure et des mimiques qui en disent beaucoup sur ses ressentis.

Elle m'avoue éprouver de la joie en comprenant la situation, mais aussi la peur de ne pas y arriver. Elle m'avoue, aussi, que c'est grâce à la confiance qu'elle a pu avoir en moi qu'elle arrive à se livrer de la sorte.

Pour pouvoir analyser les émotions apparentes de Valérie, je la questionne sur ce qui se joue pour elle en racontant son parcours.

LH : Lorsque je vous ai demandé ce qui vous faisait croire que vos supérieurs vous prenaient pour une incompétente, vous avez rougi. Que ressentez-vous ?

Valérie : « *C'est mon manque de confiance en moi qui me fait dire cela, je crois que c'est l'image que je renvoie aux autres et qu'ils me renvoient en direct.* »

LH : Que voulez-vous à la place de ce sentiment ?

Valérie : « *Travailler sur mon développement personnel et me concentrer sur ce que je pense de moi-même.* »

→ Notez bien : que chaque émotion traduit une pensée non exprimée ou une valeur frustrée, ce qui vous permet en tant que conseiller d'aller chercher en profondeur les raisons pour lesquelles la personne n'arrive pas à avancer par ses propres moyens.

À titre d'exemple :

Le traitement de l'émotion vous permet de déchiffrer un langage non verbal, qui témoigne profondément de l'état interne du candidat et de l'écart entre ce qu'il dit et ce qu'il ressent. Je souligne que, malgré la confiance mutuelle, Valérie a eu quelques difficultés à exprimer son ressenti et à me faire part de ses émotions. D'où l'intérêt de l'approche cognitive et comportementale qui permet au praticien en bilan de traduire les pensées des candidats au niveau comportemental.

→ Je l'encourage à témoigner en la questionnant sur son état émotionnel :

LH : Comment réagissez-vous à chaque fois que vous pensez que vous n'êtes pas légitime à ce poste ?

Valérie : « *Je me mets en retrait et je n'ose pas agir, durant les réunions je bafouille, je rougis et je crois que mes supérieurs le remarquent.* »

LH : Pour réussir votre intervention en réunion, quelle pensée alternative pourrait vous aider ?

Valérie : « *Je suis compétente, je maîtrise mon sujet et j'ai des informations à leur apporter.* »

LH : Que vous faudra-t-il pour pouvoir en arriver à penser ainsi ?

Valérie : « *Il faut que je prépare bien mon thème et que je demande à l'avance à qui je dois m'adresser en réunion.* »

LH : Comment pouvez-vous obtenir ces informations ?

Valérie : « *Il me suffit de demander à l'avance à l'organisatrice de la réunion.* »

Une fois que le candidat découvre ce qui fait obstacle à son avancement, il peut activer ces stratégies d'action pour réussir à se dépasser. Cependant, tant que la problématique n'est pas clarifiée, il sera incapable d'identifier les solutions à mettre en place.

En lisant entre les lignes, les attentes du bilan deviennent plus claires. Elle souhaite améliorer ses présentations pour devenir légitime, développer ses compétences à travers une formation ou une VAE mais aussi travailler son développement personnel. À ce stade, la demande de Valérie est plus identifiable.

c. La méthode utilisée

Inspirée par Ellis, je suis persuadée que les croyances négatives sont à l'origine de la détresse psychologique de l'être humain. Ellis est, quant à lui, convaincu que dès que nous identifions les croyances irrationnelles, il nous est tout à fait possible de les remplacer par des croyances rationnelles plus efficaces. Souhaitant offrir aux sujets un vécu plus confortable, il met en place un cadre à son approche qu'il appellera ABCDE.

J'ai choisi la méthode d'Ellis pour donner une structure logique qui se rapproche de près aux problématiques fréquemment posées en bilan de compétences. La personne arrive souvent en bilan avec une multitude d'idées qui se mélangent avec des émotions pour faire un amalgame perturbateur.

Avec cette structure et en détachant le problème de l'émotion qui l'induit, nous arrivons plus rapidement à amener la personne à prendre du recul et à juger par elle-même de ce qui est bon pour elle. Je m'appuie sur le questionnement socratique pour confirmer ou infirmer les hypothèses une par une et identifier les besoins évoqués plus haut.

- A. Événement activateur (ce qui pose problème).

- B. Croyances associées (*irrational beliefs* ou croyances irrationnelles)

- C. Conséquences (émotions et comportement qui arrivent suite à A).

- D. Disputation (une remise en question des croyances).

- E. Élaboration d'une vision plus réaliste du monde, d'une philosophie plus adaptée.

→ Voyons concrètement comment cela se traduit dans le cas de Valérie :

À : Qu'est-ce qui vous pose problème ?

« Le fait d'avoir été nommée manager sans avoir le diplôme adéquat. » (Événement activateur)

B : Quelle est la première pensée qui vous vient à l'esprit ?

« Est-ce que je suis légitime à ce poste ? Suis-je à la hauteur des missions attribuées ? » (Croyances associées)

C : Qu'est-ce que vous ressentez réellement ?

« De la peur que mes responsables me considèrent comme une incompétente. » (Émotion qui arrive suite à A)

D : Qu'est-ce qui vous fait penser que vos responsables vous considèrent comme une incompétente ?

« En réalité, je ne sais pas vraiment, peut-être le fait qu'ils me posent une question à laquelle je ne saurai pas répondre. » (Remise en question des croyances)

E : Par quelle autre pensée pouvez-vous remplacer cette idée ?

« Je pourrais penser que ma présentation leur a appris des informations méconnues par eux jusqu'alors puisque c'est moi qui maîtrise le sujet : les objectifs que j'ai fixés à mon équipe, ceux qui sont atteints et ce qu'il nous faudra pour atteindre les objectifs fixés par la hiérarchie ». (Philosophie plus adaptée)

En résumé, le raisonnement d'Ellis me permet de déduire qu'une émotion sert à exprimer une pensée inculquée par une éducation ou un environnement. Elle serait donc le signal d'une croyance bafouée ou insatisfaite. Pour plus de discernement, à chaque fois qu'une émotion apparaît, je demande de contextualiser en détail la situation selon le schéma d'Ellis évoqué ci-dessus.

Cela permet à Valérie de prendre conscience de ce qui se joue pour elle et pourquoi elle réagit de telle manière. La rationalisation de l'émotion par une action concrète, en passant par la pensée qui est à l'origine de la réaction, met en exergue l'origine du problème et permet au candidat de mobiliser ces ressources pour le résoudre.

Grâce au questionnement et aux exercices sur les émotions, elle comprend qu'elle a besoin de s'organiser, en travaillant minutieusement tous les détails pour réduire les risques des questions imprévues. Elle progresse quant à sa confiance en elle et elle découvre que les solutions lui appartiennent, il suffit qu'elle s'appuie sur son potentiel.

Ayant réussi à prendre du recul par rapport à des situations embarrassantes qui l'ont amenée à entreprendre le bilan, elle arrive à se concentrer sur la démarche classique du bilan, qui est celle d'identifier ses compétences et de définir un projet et un plan de carrière.

(Callahan, Chapelle, 2016, p. 161)

Exemple d'exercice sur les émotions :

1-Mesurer d'abord sur une échelle de 1 à 10 l'intensité.
2- Demander la couleur que le candidat peut lui attribuer.
3- Si elle était un objet, quelle forme pourrait-elle avoir ?
4-Quelle est l'odeur à laquelle on peut l'associer ?
5- À quel endroit du corps se situe-t-elle ?

Une fois que les informations sont rassemblées, vous pouvez demander au candidat de positionner sa main devant l'endroit où se trouve l'émotion et de l'accompagner vers la sortie. Pour finir, reprendre la mesure et vérifier si elle est bien passée.

Le retour au calme du candidat vous permettra par la suite de le questionner sur ce qui a été à l'origine de son émotion.

4.
Pratique du bilan

a. Dévoilement

Après avoir déroulé son récit de vie, la candidate peut commencer à y voir plus clair et à faire émerger des idées, les souvenirs de sa scolarité et de ses rêves de petite fille, qui resurgissent de plus belle. Elle se souvient de ses premiers vœux d'orientation et de la manière dont le choix a été fait, délibéré ou influencé.

- Elle décrit une à une ses expériences professionnelles et en déduit l'essentiel de chaque période de son parcours. Elle retrouve grâce à la verbalisation et avec l'aide d'un questionnaire le fil conducteur de ce qui l'a motivée dans ses actions et dans ses prises de décisions.

- Étant à la base de nos besoins, les valeurs ont un rôle déterminant dans le choix des métiers. Lorsque celles-ci sont bafouées, la personne souffre d'un déséquilibre entre ce qu'elle est et ce qu'elle fait. D'où l'intérêt de l'aider à identifier ce qui fait sens pour elle. (Pour cet exercice, voir annexe I.)

- Les idées troubles commencent à se dissiper pour faire place à des idées émergentes. Le point d'appui complémentaire est la série de tests et en particulier le test d'intérêts professionnels qui guide dans le choix des orientations des secteurs ou des métiers favorables pour la personne intéressée. C'est la phase où tout se joue, où la personne apprend à se découvrir en donnant une forme au profil de la personne.

- Sortie du brouillard, la candidate arrive à ce stade à mettre des mots sur ses maux. Mais également à lister des valeurs et des critères qui sont les siens. C'est en faisant le croisement entre ses critères, ses valeurs et les métiers étudiés que Valérie va réussir à arrêter un choix. Parfois, le malaise dure pendant des années avant que les personnes prennent l'initiative d'entreprendre un bilan. À juste titre, il faut tenir compte de cette angoisse de la découverte d'eux-mêmes et respecter leur rythme, leurs craintes et leur volonté.

À la suite, interviennent l'enquête métier pour laquelle vous pouvez vous appuyer sur les fiches métiers, les recherches d'emploi pour bien connaître les débouchés, les interviews et les vidéos exposant les différents métiers de manière plus concrète.

S'ensuivent les enquêtes terrain, qui consistent à faire passer un questionnaire d'une manière verbale ou écrite auprès de trois personnes en exercice du métier ou des métiers visés.

Il peut s'appuyer, par exemple, sur les questions suivantes :

- Par quels moyens êtes-vous arrivé à trouver votre emploi ?
- Avez-vous trouvé des difficultés en cherchant du travail ?
- Quelles étaient les compétences requises pour accéder au poste ?
- Quel est le diplôme pour pouvoir y accéder ?
- Pensez-vous qu'il y a des débouchés dans le domaine ?
- Pouvez-vous me décrire une journée type ?

- Avez-vous des possibilités d'évolution ?
- Quelles sont les difficultés que vous rencontrez au quotidien ?
- Qu'est-ce qui vous motive le plus dans votre métier ?
- Me conseillez-vous de m'orienter vers cette voie ?
- Pensez-vous que c'est un secteur porteur ?
- Quelle est la fourchette des salaires ?
- Le poste est-il évolutif ?

Après avoir fait son étude des métiers pouvant l'intéresser, tels que le management, la gestion de projets publics, ou conseiller clientèle, et en discutant avec certains de ses collègues, Valérie a décidé qu'il était pertinent de valider le BTS de management des unités commerciales puisqu'il correspond à l'expérience qu'elle a acquise sur le terrain.

Elle avait hâte d'entamer les démarches et m'a demandé de l'accompagner pour l'obtention de son diplôme. La confiance étant pour elle un dénominateur commun à toutes ses expériences réussies, elle a souhaité poursuivre sa VAE avec moi pour maintenir sa motivation.

b. Phase de conclusion

Cette phase résumant les deux étapes du bilan est consacrée à la validation du projet et à l'élaboration du plan d'action, notamment la prise de contact avec le rectorat en charge des validations pour pouvoir programmer les actions à venir.

Dans un premier temps, il était pertinent pour Valérie de chercher le financement nécessaire à la mise en place de son projet. Par la suite, elle devait préparer la lettre de demande d'absence auprès de son employeur pour la durée de la VAE, qui s'étale sur 24 heures durant une période approximative de six mois.

Elle conçoit, ensuite, de faire une demande de prise en charge de la VAE par le Fongecif, une démarche qui exige un délai de 45 jours avant de débuter l'accompagnement.

En somme, le bilan de compétences a répondu à ses objectifs, soit d'identifier ses compétences et savoir si elle doit les valider et par quel diplôme.

Je termine cette étude de cas en étant convaincue que le travail sur les émotions a été d'un grand secours. Il nous a permis d'accéder aux réels besoins de Valérie. En effet, en travaillant sur la pensée qui se cache derrière une peur ou une colère, nous arrivons à identifier un besoin. Le cas échéant, nous aurions perdu beaucoup de temps à chercher un métier adapté à la demande formelle sans savoir que la demande implicite est de gagner en confiance et en légitimité, par la validation de son diplôme.

Je n'ai pas pour ambition dans ce guide de vous convaincre, mais plutôt de vous faire gagner en temps et en énergie. Ne soyez pas impatient de la réussite de vos candidats, au risque de devenir vous-même le demandeur.

En conclusion de cette phase, Valérie a pu définir le diplôme qui convient à ses compétences et décider d'entamer une VAE en BTS d'assistante de management des unités commerciales.

Quant à ses valeurs, elle a bien cerné celles qui étaient les plus importantes pour elle en termes d'aide à autrui et de relations humaines. Nous constatons à ce stade que l'analyse comportementale en début de bilan a facilité l'accès aux besoins de la candidate et l'a mise dans une dynamique de réalisation personnelle.

Au-delà d'un résultat concluant du bilan, des manifestations de reprise de confiance en soi sont apparues lors de la période du bilan et se sont accentuées au fur et à mesure. Ayant rencontré Valérie six mois après le bilan, les changements étaient spectaculaires. Elle s'est inscrite comme représentante du personnel et animait les réunions pour défendre les droits de ses collègues. Pour la suite, elle envisageait de quitter la structure pour créer sa propre société de conseil en image.

↘ À retenir :

- Traiter chaque cas d'une manière unique et adapter votre approche.

- Faire du candidat un allié, pour ne pas travailler à sa place.

- Utiliser les TCC lorsqu'une émotion ou un comportement semble amplifiés : vous ne pouvez pas entrer dans le concret avant de traiter l'essentiel.

- Refuser de démarrer le bilan en cas d'émotion invalidante (le candidat doit se faire accompagner par des experts).

- Questionner la pensée qui provoque l'émotion.

- Traiter les émotions avant d'identifier les compétences et de chercher des idées de projets.

- Proposer au candidat de trouver des solutions alternatives, pour lui permettre de prendre du recul et d'activer ses propres ressources.

- Appliquer l'écoute active. La verbalisation permet au candidat de s'identifier.

- Remplacer certains conseils par le questionnement.

- Respecter le rythme du candidat et ne pas imposer le sien.

- Questionner les valeurs pour détecter les besoins et analyser la demande.

- **_Annexe 1_**

En termes d'outil pour identifier les valeurs, j'utilise la liste de Schwartz (1936) qui me semble pertinente pour la classification des valeurs qui sont bien ancrées grâce à la société dans laquelle la personne a grandi et correspondant à ses besoins. Je me suis concentrée sur l'exploration des valeurs, puisqu'elles sont à l'origine des choix de chacun.

D'après Schwartz :

« *Elles guident les choix et permettent l'évaluation de comportements envers des personnes et des événements.*

Elles sont ordonnées selon leur importance relative en tant que principes qui guident la vie. Ces valeurs répondent à trois besoins qui sont : besoin biologique, besoin d'une interaction sociale coordonnée, besoin de survie. »

Ce modèle comporte 56 valeurs, regroupées en 10 « domaines motivationnels ».

Les dix valeurs de base
(ou « domaines motivationnels »)

1. **Autonomie.** Objectif : indépendance de la pensée et de l'action – choisir, créer, explorer. L'autonomie comme valeur est ancrée dans les besoins vitaux de contrôle et de maîtrise et les exigences d'interactions nécessaires à l'autonomie et à l'indépendance. (Les items utilisés pour approcher cette valeur de base sont : *créativité, liberté, choisissant ses propres buts, curieux, indépendant* ainsi que *amour-propre, intelligent, droit à une vie privée.*)

2. **Stimulation.** Objectif : enthousiasme, nouveauté et défis à relever dans la vie. Les valeurs de stimulation découlent du besoin vital de variété et de stimulation ; elles

permettent de maintenir un niveau d'activité optimal et positif tout en écartant la menace qu'amènerait un niveau trop élevé de stimulation.

3. **Hédonisme.** Objectif : plaisir ou gratification sensuelle personnelle. Les valeurs d'hédonisme proviennent des besoins vitaux de l'être humain et du plaisir associé à leur satisfaction. (Items associés : *plaisir, aimant la vie, se faire plaisir.*)

4. **Réussite.** Objectif : le succès personnel obtenu grâce à la manifestation de compétences socialement reconnues. Être performant dans la création ou l'accès à des ressources est une nécessité pour la survie des individus ; c'est également indispensable pour que les groupes ou les institutions puissent atteindre leurs objectifs.

5. **Pouvoir.** Objectif : statut social prestigieux, contrôle des ressources et domination des personnes. Le fonctionnement des institutions sociales nécessite apparemment un certain degré de différenciation des statuts sociaux. Le pouvoir et la réussite sont deux valeurs qui visent la reconnaissance sociale.

6. **Sécurité.** Objectif : sûreté, harmonie et stabilité de la société, des relations entre groupes et entre individus, et de soi-même. Les valeurs de sécurité découlent des nécessités fondamentales du groupe et de l'individu. Il y a deux sortes de valeurs de sécurité. Certaines concernent avant tout des intérêts individuels (par exemple, *ses propres intérêts*), d'autres concernent surtout des intérêts collectifs (par exemple, *sécurité nationale*).

7. **Conformité.** Objectif : modération des actions, des goûts, des préférences et des impulsions susceptibles de déstabiliser ou de blesser les autres, ou encore de transgresser les attentes ou les normes sociales. Les

valeurs de conformité proviennent de la nécessité pour les individus d'inhiber les désirs qui pourraient contrarier ou entraver le bon fonctionnement des interactions et du groupe.

8. **Tradition.** Objectif : respect, engagement et acceptation des coutumes et des idées soutenues par la culture ou la religion auxquelles on se rattache. Partout, les groupes développent des pratiques, des symboles, des idées et des croyances qui représentent leur expérience et leur destin commun et deviennent ainsi les coutumes et les traditions du groupe, qui leur accorde beaucoup de valeur. Les valeurs de tradition et de conformité sont particulièrement proches en termes de motivation ; toutes deux ont pour objectif la subordination du sujet aux attentes imposées par les autres.

9. **Bienveillance.** Objectif : la préservation et l'amélioration du bien-être des personnes avec lesquelles on se trouve fréquemment en contact (l'« endogroupe »). Les valeurs de bienveillance proviennent de la nécessité pour le groupe de fonctionner de manière harmonieuse et du besoin d'affiliation de l'individu en tant qu'organisme. Bienveillance et conformité contribuent toutes deux à développer la coopération et la solidarité.

10. **Universalisme.** Objectif : compréhension, estime, tolérance et protection du bien-être de tous et de la nature. Ceci contraste avec l'importance apportée à l'endogroupe pour les valeurs de bienveillance. Les valeurs d'universalisme proviennent du besoin de survie des individus et des groupes.

🌀 *Le questionnaire Schwartz : « Value Survey »*

L'intérêt que le concept de valeurs a suscité est très ancien puisque son origine remonte à la Grèce antique, avec les écrits de Platon sur le fondement des gouvernements et de la responsabilité des citoyens.

Dans ce questionnaire, vous vous demanderez : « Quelles valeurs sont importantes pour moi en tant que principes directeurs de ma vie ? Et quelles sont les valeurs moins importantes pour moi ? » Deux listes de valeurs figurent sur les pages suivantes. Ces valeurs proviennent de cultures différentes. À la suite de chaque valeur figure, entre parenthèses, une explication afin de faciliter la compréhension.

Vous devez évaluer l'importance qu'a pour vous chaque valeur en tant que principe directeur dans votre vie. Vous utiliserez l'échelle d'évaluation suivante : 0, 1, 2, 3, 4, 5, 6.

- 0 : Signifie que la valeur n'est pas du tout intéressante pour vous, qu'elle n'est pas, pour vous, un principe directeur ;

- 3 : Signifie que la valeur est importante ;

- 6 : Signifie que la valeur est très importante ;

Plus le nombre (0, 1, 2, 3, 4, 5, 6) est élevé, plus importante est la valeur en tant que principe directeur dans votre vie.

- 1 : Est à utiliser pour noter toute valeur opposée aux principes qui vous guident ;

- 7 : Est à utiliser pour noter une valeur dont l'importance est suprême en tant que principe directeur dans votre vie ; habituellement, pas plus de deux valeurs ne reçoivent cette note.

Sur les points... qui précèdent chacune des valeurs, vous inscrirez le nombre choisi (1, 0, 1, 2, 3, 4, 5, 6, 7) selon l'importance que vous accordez personnellement à cette valeur. Vous essayerez d'établir des distinctions entre les valeurs en utilisant, autant que faire se peut, tous les échelons proposés. Vous allez être amené à utiliser certains nombres plusieurs fois.

EN TANT QUE PRINCIPE DIRECTEUR DANS MA VIE,

Cette valeur est :

Mes valeurs : importance

Avant de commencer, lisez les valeurs numérotées de 1 à 30 et choisissez celle qui, pour vous, est la plus importante et notez son importance. Ensuite, choisissez la valeur qui est la plus opposée à vos valeurs ou, s'il n'en existe pas, choisissez la valeur la moins importante pour vous et notez-la -1, 0 ou 1, en fonction de son importance. Ensuite notez les valeurs restantes (jusqu'à la n° 30).

LISTE DES VALEURS I

1. ÉGALITÉ (opportunités égales pour tous)

2. HARMONIE INTÉRIEURE (en paix avec soi-même)

3. POUVOIR SOCIAL (contrôle d'autrui, dominance)

4. PLAISIR (satisfaction des désirs)

5. LIBERTÉ (liberté de pensée et d'action)

6. UNE VIE SPIRITUELLE (accent mis sur les aspects spirituels et non matériels)

7. SENTIMENT DE NE PAS ÊTRE ISOLÉ (sentiment que les autres se soucient de moi)

8. ORDRE SOCIAL (stabilité de la société)

9. UNE VIE EXCITANTE (expériences stimulantes)

10. SENS DE LA VIE (un objectif dans la vie)

11. POLITESSE (courtoisie, bonnes manières)

12. RICHESSE (biens matériels, argent)

13. SÉCURITÉ NATIONALE (protection de mon pays contre ses ennemis)

14. RESPECT DE SOI (croyance en sa propre valeur)

15. RÉCIPROCITÉ DES FAVEURS (éviter d'être en dettes)

16. CRÉATIVITÉ (originalité, imagination)

17. UN MONDE EN PAIX (libéré des guerres et des conflits)

18. RESPECT DE LA TRADITION (préserver les coutumes consacrées par le temps)

19. AMOUR ADULTE (intimité profonde, émotionnelle et spirituelle)

20. AUTODISCIPLINE (autolimitation, résistance aux tentations)

21. DROIT À UNE VIE PRIVÉE (non exposée aux regards indiscrets)

22. SÉCURITÉ FAMILIALE (sécurité pour ceux que l'on aime)

23. RECONNAISSANCE SOCIALE (respect, approbation émanant des autres)

24. UNITÉ AVEC LA NATURE (adéquation à la nature)

25. UNE VIE VARIÉE (remplie de défis, de nouveautés, de changements)

26. SAGESSE (compréhension adulte de la vie)

27. AUTORITÉ (le droit de diriger ou de commander)

28. AMITIÉ VRAIE (des amis proches et sur qui l'on peut compter)

29. UN MONDE DE BEAUTÉ (beauté de la nature et des arts)

30. JUSTICE SOCIALE (corriger les injustices, secourir les faibles)

LISTE DES VALEURS II

Vous évaluerez, maintenant, l'importance de chacune des valeurs suivantes, toujours en tant que principe directeur dans votre vie. Ces valeurs sont exprimées sous forme de manières d'agir, qui peuvent être plus ou moins importantes pour vous. À nouveau, essayez de faire des distinctions entre les valeurs, autant que faire se peut, en utilisant tous les échelons (nombres). Avant de commencer, lisez les valeurs numérotées de 31 à 57, choisissez celle qui est la plus importante pour vous et notez son importance. Ensuite, choisissez la valeur qui est la plus opposée à vos valeurs ou, s'il n'en existe pas, choisissez la valeur la moins importante pour vous, et notez-la -1, 0 ou 1 en fonction de son importance. Ensuite notez les valeurs restantes.

31. AUTONOME (ne compter que sur soi, autosuffisant)

32. MODÉRÉ (évitant les extrêmes dans les sentiments et les actions)

33. LOYAL (fidèle à ses amis, au groupe des proches)

34. AMBITIEUX (travaillant dur, volontaire)

35. LARGE D'ESPRIT (tolérant les croyances et idées différentes)

36. HUMBLE (modeste, effacé)

37. AUDACIEUX (cherchant l'aventure, le risque)

38. PROTÉGEANT L'ENVIRONNEMENT (préserver la nature)

39. INFLUANT (exercer un impact sur les gens et les événements)

40. HONORANT SES PARENTS ET LES ANCIENS (montrant du respect)

41. CHOISISSANT SES PROPRES BUTS (sélectionnant ses propres objectifs)

42. EN BONNE SANTÉ (ne pas être malade physiquement ou mentalement)

43. COMPÉTENT (capable, efficace)

44. ACCEPTANT MA PART DANS LA VIE (se soumettre aux circonstances de la vie)

45. HONNÊTE (authentique, sincère)

46. PRÉSERVANT MON IMAGE PUBLIQUE (soucieux de ne pas perdre la « face »)

47. OBÉISSANT (remplissant ses obligations, ayant le sens du devoir)

48. INTELLIGENT (logique, réfléchi)

49. SECOURABLE (travaillant en vue du bien-être d'autrui)

50. SACHANT JOUIR DE LA VIE (aimant la nourriture, le sexe, les loisirs, etc.)

51. RELIGIEUX (attaché aux croyances et à la foi religieuse)

52. RESPONSABLE (sur qui l'on peut compter)

53. CURIEUX (intéressé en toutes choses, explorateur)

54. CLÉMENT (désireux de pardonner aux autres)

55. ORIENTÉ VERS LE SUCCÈS (objectif : réussir)

56. PROPRE (net, soigné)

57. ÊTRE BON AVEC SOI-MÊME (faire des choses agréables)

Méthodes et astuces
pour améliorer ses pratiques
en bilan

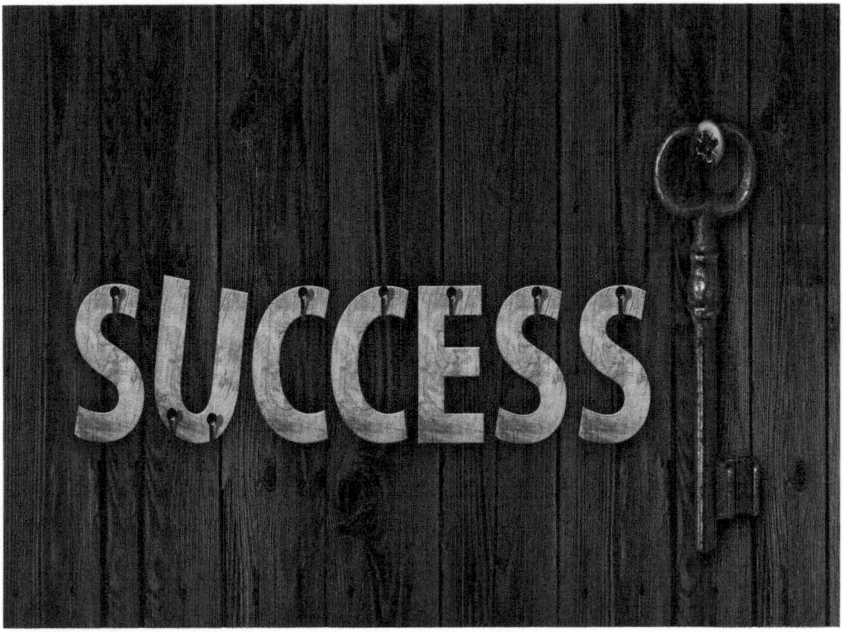
SUCCESS

Le génie du consultant se base en partie sur ses connaissances théoriques et pratiques, mais également sur sa personnalité et sa faculté à nouer des relations de confiance avec les candidats. Cette partie évoque donc les points essentiels pour pouvoir mener à bien un bilan de compétences.

Souvent considéré comme un métier de conseil et d'orientation, j'ai pu constater pendant mes années de pratique qu'au-delà d'une demande explicite d'aide à la mise en place d'un projet, le bilan cache souvent une demande latente d'introspection et de connaissance de soi.

Je rejoins donc le COPANEF, qui, par l'intermédiaire de leur nouvelle réforme, a voulu introduire la notion psychologique dans le cadre du bilan.

Pour mener à bien un bilan et mettre en confiance un candidat, je partage dans cette partie les compétences pratiques qu'un consultant en bilan est amené à maîtriser.

1.
Le savoir indispensable
pour un consultant en bilan

a. Établir une relation de confiance

La compétence principale d'un consultant en bilan est donc de savoir créer un lien avec le candidat, afin de le mettre en confiance. C'est à travers ces témoignages sincères que le consultant va pouvoir trouver la matière sur laquelle baser son analyse et réactiver les ressources de la personne.

Selon Carl Rogers :

« Les seules connaissances qui puissent influencer le comportement d'un individu sont celles qu'il découvre par lui-même et qu'il s'approprie ». (Rogers, 1971, p. 6).

D'après lui, *« les conditions relationnelles offertes par l'accompagnateur, en particulier l'empathie, la congruence et le regard positif inconditionnel sont suffisantes pour soigner les clients, la responsabilité de créer et de maintenir une bonne alliance est la responsabilité du thérapeute ». (Collot, 2011, p. 5)*

De ce fait, le rôle de l'alliance est plus que déterminant dans la réussite de chaque accompagnement.

Prenant appui sur mon expérience professionnelle et sur les écrits de Lamy et Moral, je fais le constat suivant :

Plus qu'une relation, l'alliance est une sorte de :

« Contrat implicite ou explicite par lequel deux personnes s'engagent réciproquement. Dans le cas d'un bilan de compétences, il se peut qu'un lien dissymétrique en résulte avec un risque de dépendance, d'où la nécessité pour un consultant de créer une alliance tout en maîtrisant les distances à garder. Cependant, les recherches sur l'efficacité de l'accompagnement montrent que l'alliance est nécessaire et reste l'un des moteurs les plus puissants du changement avec la demande. » (Lamy, Moral, 2011, p. 74).

Les différentes approches psychanalytique, humaniste, comportementale et cognitive se complètent pour affirmer qu'une bonne alliance est le début d'un travail efficace, sans laquelle ce dernier ne peut débuter.

b. Qu'est-ce qu'une alliance ?

Qu'y a-t-il de plus riche et de plus complexe que les relations humaines ? Selon Rosinski (2009), les projections, les attentes, les visions, peuvent diverger d'une personne à l'autre et d'une région à l'autre. C'est pourquoi la communication est au cœur de l'alliance.

Si l'alliance implique deux personnes, il est important, voire primordial, de s'assurer du consentement de la personne concernée avant de l'accompagner. Étant, selon Cungi (2006), *« un acte par lequel deux personnes s'allient et contractent un engagement réciproque »*, de nombreuses recherches ont permis de mettre en évidence l'impact de l'alliance comme un prérequis pour l'aide au changement.

- ### *L'alliance selon l'approche humaniste*

L'être humain a des capacités naturelles qui lui permettent de se maintenir, de se motiver et de s'améliorer. Cette autosuffisance a besoin d'être accompagnée par la relation d'aide qui s'instaure entre client et accompagnant. À ce sujet, Blanchard (2012, p. 69) considère que Rogers *« apporte plus d'importance aux attitudes de ce dernier plutôt qu'à ses techniques et à sa formation »*. Pour lui, les clients sont le cœur et l'âme du changement. Lorsque les individus viennent chercher de l'aide, ils ont déjà l'intention de changer et de s'améliorer. Ils sont responsables du changement et nous avons pour mission de les aider à mettre en place le processus pour atteindre leur but. D'après lui, une relation bien établie est une dimension importante dans la réussite de l'accompagnement. Un entretien, aussi bien intentionné soit-il, peut échouer si la relation n'a jamais été établie. D'où cette dimension de *« l'interrelation subtile qui se développe entre l'aidant et l'aidé et qui requiert la plus grande attention »*. *(Rogers, 1942, p. 92)*.

Ainsi, en résumé, trois composantes sont à l'origine d'une bonne alliance :

« Une compréhension empathique, une congruence et un regard positif inconditionnel, qui sont par elles-mêmes suffisantes pour soigner les clients. » (Rogers, 1989, p. 167).

Autrement dit, d'après Cungi (2006), l'approche comportementale-cognitive vient juste compléter, par le rapport collaboratif, le lien affectif qui s'établit entre les deux antagonistes par le professionnalisme de l'aidant et l'engagement du client.

En résumé, deux éléments essentiels contribuent à sa réussite : le lien relationnel collaboratif et le professionnalisme de l'aidant qui doit être expert sur le processus.

- ### *Une relation basée sur l'empathie*

Nous devons les origines de la notion d'empathie à la Grèce antique, qui évoque l'idée de « souffrir avec ». Mais c'est surtout à la charnière entre les XIXᵉ et XXᵉ siècles que l'importance de l'empathie lors du bilan est mise en lumière. Encore selon Rogers, l'empathie signifie que le thérapeute perçoit avec exactitude les sentiments qu'éprouve son client. *« Quand il est au sommet de son art, le thérapeute a pénétré si profondément dans l'univers intime de l'autre, qu'il peut non seulement éclairer les significations dont son client est déjà conscient, mais même celles qui effleurent à peine sa conscience. » (Rogers, 1989, p. 167).*

Le psychologue américain estime que c'est l'un des plus puissants facteurs de changement. Élève de Rogers, Rosenberg (2002) en fait également l'éloge, soulignant le pouvoir de l'empathie et son importance quant à la réussite d'un traitement. De même, inspiré par l'approche humaniste, Salomé (1993) suggère aux aidants en début de bilan de se poser cette question : *« puis-je entrer dans son univers intérieur assez complètement pour perdre tout désir de l'évaluer ou de le juger ? » (Salomé, 1993, p. 158).* Celle-ci permettra au consultant de s'assurer, selon la réponse, d'être empathique envers son client.

- ### *Une attitude congruente*

L'attitude congruente est une manière d'instaurer un climat de confiance entre l'aidant et son client, sans aucun a priori négatif à son égard. Selon Rogers, plus l'aidant est transparent, plus la relation a de chances d'être authentique. Pour lui, *« l'authenticité signifie que le thérapeute manifeste ouvertement, dans ses attitudes, les sentiments qui l'animent à un moment donné. Il y a concordance ou congruence entre ce qu'il ressent au plus profond de lui-même, ce dont il est conscient, et ce qu'il montre à son client» (Rogers, 1989, p. 167).* C'est d'autant plus important que, par l'intermédiaire de la communication non verbale, l'accompagnateur peut montrer malgré lui, avec la

LE SAVOIR INDISPENSABLE POUR UN CONSULTANT EN BILAN

possibilité que son client perçoive une partie, sinon l'intégralité de sa pensée. Une attitude congruente implique donc une attitude neutre et transparente de la part de l'accompagnateur, afin de faciliter la communication et d'améliorer l'accès aux émotions de son client.

- ### *Un regard positif inconditionnel*
Toujours d'après Rogers, le regard positif inconditionnel favorise le changement. Il permet au client de ressentir cette manière affectueuse et chaleureuse d'être accueilli par l'aidant. Autrement dit, avoir une attitude positive à l'égard de ce que peut vivre ou ressentir le client en termes d'émotions et l'accepter dans ses spécificités est une marque d'affection. Elle ne doit pas avoir une connotation de possessivité, afin d'encourager le changement.

« Quand le thérapeute valorise son client, totalement, inconditionnellement, alors on peut conjecturer quelque progrès. » (Rogers, 1989, p. 167).

Il insiste sur cet aspect en décrivant l'authenticité comme une rencontre humaine subjective et chaleureuse *« plus efficace que le système technique le plus perfectionné » (Collot, 2011, p. 44).*

Pour finir, étant donné que les signes de reconnaissance sont un élément moteur puissant de motivation, il est tout à fait correct de nourrir le sentiment d'efficacité personnel pour induire le changement.

- ### *Le rapport collaboratif*
D'après Cungi (2006), l'alliance thérapeutique évolue au fil du temps pour en arriver à être nommée par l'approche comportementale et cognitive le « rapport collaboratif ». L'aspect affectif est initial mais pas suffisant pour la réussite d'une thérapie.

Dans ce cas de figure, il devient un instrument au service d'une psychothérapie sans laquelle rien ne peut démarrer. La relation chaleureuse va permettre au thérapeute de détecter plus facilement des besoins et d'établir un diagnostic ; si elle s'arrête à ce stade, la psychothérapie comportementale ne s'engage pas. Cependant, une connaissance technique de la part du praticien s'impose, d'où la nécessité de se former aux compétences indispensables et de savoir les appliquer. Il ajoute qu'en dehors d'un besoin fondamental de savoir établir une alliance et de recueillir des informations, l'accompagnant se doit d'apprendre à organiser ses informations, appliquer des méthodes, et évaluer leur impact dans le temps. Pour Cungi, un rapport collaboratif basé seulement sur une relation chaleureuse peut être considéré comme une faute professionnelle.

L'importance de maîtriser des compétences techniques pour l'élaboration d'un bilan de compétences devient donc primordiale. Souvent considérés comme une fonction hybride, les bilans de compétences ont été réalisés par des psychologues, des coachs ou des directeurs de ressources humaines. Rarement formés aux méthodes des bilans de compétences, ces professionnels créent leurs propres outils au fur et à mesure de leur expérience ; sans parler du danger d'un bilan mal orienté sur l'avenir professionnel du candidat, nombreux sont les bilans qui n'aboutissent nulle part si le consultant n'a pas la technique. En effet, il m'est souvent arrivé d'entendre de la part des candidats *« J'ai déjà fait un bilan de compétences qui ne m'a servi à rien. »*

Dans ce cas de figure, deux paramètres entrent en ligne de compte : le premier étant, lorsque le candidat n'est pas prêt au changement, il refuse catégoriquement chaque piste évoquée à travers le bilan. Le deuxième est lorsque le consultant ne sait réellement pas comment amener le candidat à bon port.

En conséquence, le bilan de compétences est un métier à part entière qui nécessite une formation technique avant de l'exercer.

Voici une liste non exhaustive de quelques compétences clés utiles aux consultants en bilan.

c. Les compétences techniques du consultant

Ce paragraphe relate les effets positifs ou négatifs de l'entretien selon la manière dont il a été mené par le consultant. Nous constaterons ensemble que, par moments, les difficultés ou les facilités que nous pouvons rencontrer ont pour origine notre façon de mener l'entretien et la direction que nous voulons lui donner.

- **_L'entretien stratégique_**

Il a pour but de répondre à la demande du client, d'identifier un projet qui se rapproche au maximum de ses critères définis lors des premières séances du bilan. Dans ce cas bien précis, le consultant peut organiser son intervention d'une manière à poser des questions qui amènent à l'objectif recherché.

Le candidat vient en bilan lorsqu'il est en période de doute, c'est pourquoi le rôle du consultant est de cadrer l'entretien et de clarifier la situation. Pour cela, chaque question, posée de manière stratégique, peut accompagner le candidat vers le résultat recherché.

Il arrive que le candidat s'égare en entretien, en déviant vers des témoignages infructueux qui ne font pas avancer le bilan. C'est alors au consultant de recadrer le candidat de manière diplomatique, afin de garder en tête l'objectif final.

Étant le garant du cadre, le consultant a pour but le bon déroulement du processus. Le candidat en recherche d'orientation se sentira en confiance face à un professionnel qui maîtrise la méthode. Guidé, le candidat se laisse alors porter vers ce qui se joue pour lui, ce qui facilite considérablement sa prise de décision.

La stratégie de l'entretien, fixée dès le début, peut évoluer au fur et à mesure pour créer des sous-stratégies, comme la recherche des valeurs, des intérêts et des motivations, ou encore la suppression des blocages.

- **_Les questions ouvertes ou fermées_**

↘ **Questions ouvertes :**

N'étant pas un interrogatoire, l'entretien en bilan nécessite de laisser la place au candidat pour se confier sans retenue sur son parcours de vie professionnelle. En conséquence, les questions ouvertes facilitent l'introspection et éveillent des souvenirs pour leur donner un sens.

C'est en organisant les informations par la suite qu'elles prennent forme :

- Pouvez-vous me raconter l'expérience la plus marquante de votre parcours ?

- En quoi cette expérience a-t-elle marqué votre vie professionnelle ?

- Qu'est-ce qui a fait la différence avec d'autres expériences ?

Les questions ouvertes, d'après Le Blanc et Séguin (2001, p. 73)

« [...] Sont des questions pour lesquelles il est difficile de répondre par une seule réponse, même si l'interviewé est sur la défensive. Lorsque l'alliance entre le clinicien et le client est élevée, les questions ouvertes vont produire un volume élevé de matériel. »

En dehors d'un appel à la réflexion du candidat, vous l'amenez de manière fluide à reconstruire son passé. Vous éviterez ainsi les blocages et l'affrontement qui peuvent être provoqués à certains moments par les questions fermées.

↘ Questions fermées :

Les questions fermées entraînent peu d'échanges entre les deux protagonistes, même si l'alliance est établie. Vous obtenez des réponses limitées qui sont destinées à recueillir des informations ciblées sur le candidat. Cependant, si votre intention est de faire évoluer la réflexion chez votre interlocuteur, cette méthode vous demandera plus d'effort et risque de donner à votre entretien l'aspect d'un interrogatoire.

Les questions fermées peuvent tout de même servir en début de bilan lorsque vous êtes dans la phase d'exploration, mais également pour aider le candidat à faire des choix entre deux options :

- Quel âge avez-vous ?

- À quelle date avez-vous quitté votre entreprise ?

- Combien d'expériences professionnelles avez-vous eues ?

- Pouvez-vous me dire en quelle année vous avez occupé chacune d'entre elles ?

Difficile dans ce cas de figure de créer une alliance et de la maintenir tout au long du bilan. En somme, vous pouvez mener le questionnement comme une symphonie en accordant les notes. À un moment, les questions ouvertes s'imposent ou à d'autres vous pourrez utiliser des questions fermées. Les deux méthodes ont leur utilité, à condition de savoir doser et de les utiliser à bon escient. Tout est une question de curseur.

Ainsi, les deux types de questions sont utiles à la progression de l'entretien selon la stratégie envisagée et à la mise en place du changement. À chacun de nous de s'adapter en fonction de la situation et de la tournure que prend l'entretien, dès l'instant où nous envisageons d'accompagner la personne vers le changement souhaité. De là vient la nécessité de maîtriser les différentes techniques d'entretien et l'intérêt de connaître également l'entretien motivationnel et ses étapes.

2.
Techniques pour améliorer et faciliter le bilan

a. L'entretien motivationnel

L'entretien motivationnel est un mode relationnel non directif, qui consiste à être constamment centré sur les besoins de la personne, en mettant en lumière l'exploration et la résolution des ambivalences, tout en éliminant toute forme de confrontation et toute tentative de convaincre.

Le but de cet entretien est de mettre en œuvre et de maintenir le changement.

4 principes fondamentaux :

1. Montrer de l'empathie : accepter sans juger et présenter les contradictions comme étant normales.

2. Faire ressortir les ambivalences entre le comportement actuel de la personne et ses valeurs.

3. Éviter les affrontements : laisser glisser la résistance et la normaliser.

4. Renforcer le sentiment d'efficacité personnel du candidat : chaque amélioration doit être soulignée, pour encourager le changement.

b. Identifier les compétences

Souvent, les personnes en bilan rencontrent des difficultés à se confier ou à se jauger. Comment faire pour délier les langues et favoriser la parole juste ?

Durant l'entretien, les capacités d'analyse et d'observation sont des atouts essentiels pour le consultant : certaines personnes estiment que les tâches effectuées au quotidien sont d'une banalité remarquable, et s'abstiennent de les décrire en détail, tandis que d'autres surestiment leurs compétences et se sentent mal considérés par leurs employeurs.

Repérer les incohérences entre les tâches effectuées et le niveau de compétences relève ici du parcours du combattant, sauf si le consultant se base sur des exemples réels et amène le sujet à raconter une expérience vécue en détail.

LH : Que faites-vous au quotidien ?

Candidat : *Je gère une équipe de 6 personnes.*

LH : Comment se traduit réellement la gestion de cette équipe ?

C : *J'organise des réunions, je gère les plannings, je fixe les objectifs, je motive les équipes...*

LH : De toutes ces tâches effectuées, laquelle vous semble la plus simple ?

C : *J'aime bien gérer les plannings, mais je n'aime pas du tout animer les réunions.*

LH : Qu'est-ce qui vous dérange dans l'animation des réunions ?

C : *La prise de parole, c'est quelque chose que je déteste, je n'en dors pas de la nuit, et puis ça se sent quand je parle, je suis mal à l'aise.*

Ainsi, le candidat a des difficultés à animer des réunions alors que cette compétence fait partie de ses fonctions. Après avoir mesuré la densité de cette difficulté, nous pouvons en déduire si le candidat a pour avantage de s'améliorer dans ce domaine ou de se reconvertir vers un métier où la prise de parole n'est pas d'usage.

Parfois, une simple formation peut aider à maîtriser la parole en public et dépasser ses craintes, alors que pour d'autres il s'agit d'un handicap insurmontable. À défaut de décider à la place du candidat de ce qui est bon pour lui, le consultant peut demander au sujet d'enquêter en détail sur les prérequis du poste visé. C'est, en général, un moyen de provoquer une prise de conscience et une aide à la décision.

En cas de détermination du sujet à occuper un poste au-dessus de ses moyens actuels, nous pouvons l'aider à mesurer les écarts entre les compétences requises et les compétences maîtrisées, de telle manière à chercher avec lui la formation adaptée pour améliorer ses performances. Parfois, la démarche peut s'inscrire dans un plan de carrière à étapes multiples : d'abord la phase de remise à niveau, puis l'atteinte de l'objectif.

En résumé, se baser sur des expériences vécues peut aider le consultant et le candidat à identifier des compétences et à savoirs lesquelles sont plus ou moins maîtrisées. Néanmoins, une compétence étant l'addition d'un savoir-faire et d'un savoir-être, un test de personnalité pourra confirmer ou infirmer les capacités personnelles du sujet à occuper telle ou telle fonction.

Au-delà des expériences vécues, nous pouvons nous servir également des fiches métiers utilisées en interne ou en externe, mais aussi des évaluations annuelles du candidat qui en disent long sur son parcours. Cependant, les débriefings et les feedback sont également un recours intéressant pour éclairer le sujet sur son potentiel.

c. Les différentes étapes du débriefing

Lorsque le candidat en bilan se raconte, il lui est utile d'avoir le retour de la part de son consultant. Il est d'ailleurs courant que la personne me demande ce que je pense de ce qu'elle dit. Le débriefing est un moyen pour l'accompagnateur de faire un retour réfléchi après avoir analysé le contenu. Souvent, dans le récit professionnel, il y a une partie personnelle qui peut être utile ou pas dans la structure du projet. Il revient au consultant de sélectionner les informations pour en faire un tout cohérent et exploitable en bilan.

1 - Recueil des informations et récit de vie

En début de bilan, le récit de vie est une source de travail importante, qui dégage tous les éléments nécessaires à la découverte de la personne, son mode de fonctionnement et les stratégies utilisées pour faire des choix tout au long de sa vie. Il est instructif aussi d'échanger avec elle sur son ressenti à chaque fois qu'elle a réussi. Nous pouvons ainsi révéler des ressources négligées par omission.

2 - Respect du cadre et analyse du contenu

Pour une personne qui se raconte, il est important d'avoir une direction à respecter et un sens à donner à son récit. Le consultant a le rôle du gardien, où s'il ne ramène pas la personne lorsqu'elle s'égare dans des détails inutiles au bilan, elle s'y sent perdue et perd confiance en l'efficacité de son accompagnateur. D'où l'intérêt de faire respecter le cadre en posant des questions bien ciblées qui apportent de la matière. Une fois que la consistance est bonne, il est impératif d'analyser le contenu pour poser les fondations du bilan.

3 - Donner du sens

Chaque expérience menée préalablement au bilan peut être un moyen pour comprendre le sens que la personne cherche à donner à sa vie. Inconsciemment, nous prenons souvent des décisions que nous attribuons au hasard. Nous nous orientions instinctivement de manière cohérente vers ce qui nous est le plus bénéfique à un moment donné de notre vie. Une expérience de vie est toujours influencée de croyances, de valeurs inscrites dans les gènes ou transmises par l'environnement et l'éducation. Lorsque le consultant saisit le sens du récit, il peut comprendre ce qui se joue pour l'individu et le lui traduire en mettant les formes.

4 - Faire « comme si »

« Si vous n'aviez aucun obstacle à gérer, quel projet choisiriez-vous ? »

Cette question libère la parole et donne à la personne l'espace nécessaire pour laisser libre cours à son imagination. Elle ne tient pas compte de toutes les difficultés qu'elle peut rencontrer en mettant en place un nouveau projet. De cette façon, le consultant amplifie la capacité de la personne à se projeter dans l'avenir. Certes, il n'est pas question de faire un projet farfelu en mettant la personne en difficulté. Mais l'objectif est d'activer l'action et d'apprivoiser les craintes qui parfois ne sont pas fondées.

5 - La prise de décision

En bilan de compétences, la prise de décision sur ce qui doit changer est une finalité. Elle doit être basée sur tous les critères de changements identifiés et définis par la personne, mais aussi sur sa capacité à mettre en place une stratégie pour atteindre son objectif. Le consultant joue un rôle important dans la prise de conscience, mais ne se substitue pas à la personne. Car même lorsque le processus est respecté et les fonctions des étapes du bilan accomplies, il reste toujours chez les candidats une part secrète qu'ils refusent de partager avec le consultant (héritage, volonté de retour au travail ou pas, envie de s'investir dans une formation plus ou moins longue...), raison pour laquelle il est recommandé de ne pas intervenir dans les choix et laisser la personne choisir librement le degré de changement qu'elle veut mettre en place.

6 - L'engagement

C'est un acte de responsabilisation du candidat. Il lui appartient de décider du degré de changement souhaité et du temps qu'il veut consacrer à la mise en place du projet. Le candidat se sent de cette manière investi dans le processus de changement et se considère responsable de sa réussite. Même si le consultant est l'expert du processus, c'est le candidat qui a la responsabilité d'agir. Raison pour laquelle le consultant doit être formel sur l'engagement du candidat.

d. Le feedback

D'après la méthode de Lamy et Moral (2011, p. 72).

Le feedback est un instrument important du consultant. Il sert à clarifier des situations complexes et permet au sujet de comprendre ce qui se joue pour lui.

Il doit être pratiqué en trois étapes : le consultant observe d'abord, constate ensuite, pour enfin émettre son ressenti. Si l'ordre est respecté, le feedback devrait être bien reçu par le candidat et éviter les interprétations qui peuvent être sources de malentendus.

1 - Observation

Il s'agit de se positionner en situation de métacommunication et de prendre en compte tout ce qu'il se passe lorsque la personne relate des faits. Laissant le jugement de côté, notre rôle consiste à noter chaque information ou réaction utile.

2 - Constatation

À la suite de l'observation, le consultant peut constater des faits sans aucun jugement de valeur ou critique malveillante. En ayant créé une relation de confiance, le retour fondé sur des faits de la part du consultant peut être bien accueilli par le sujet. La posture méta doit porter une attention particulière au contenu : le quoi, le pourquoi et le comment de l'événement passé.

3 - Ressenti

En se basant sur des faits, le consultant peut faire part de son ressenti sur la situation du candidat et éviter toute fausse interprétation. Le fait de parler de son propre ressenti peut aider l'intervenant à renforcer l'alliance et mettre le candidat en confiance pour qu'il s'exprime en retour sur ses émotions.

Le feedback a pour but d'éclairer la personne concernée sur son mode de fonctionnement. Sans objectivité, il est difficile à chacun d'identifier les stratégies de communication que l'on met en place pour gérer les situations. À l'encontre des critiques, le feedback a pour but d'être instructif et constructif.

La qualité d'un Feedback peut être tributaire du moment où celui-ci a lieu. La personne concernée doit être concertée et prête à recevoir les constatations de l'observateur. Nous devons toujours garder à l'esprit que la communication a besoin d'un émetteur et d'un récepteur. Si l'un des deux dysfonctionne, elle ne peut être de bonne qualité.

e. Amorcer le dépassement de soi

- **_Traiter les résistances_**

Un consultant, aussi expérimenté soit-il, est amené à rencontrer durant sa carrière des résistances de la part de certaines personnes accompagnées, qui provoquent une situation inconfortable. C'est une occasion à saisir par le consultant pour revoir ses méthodes et analyser ce qui a pu provoquer une telle situation.

Deux cas de figure seront à envisager :

1/ Dans le premier cas, l'intervenant s'offusque et considère qu'il n'est pas respecté dans sa position d'expert. Dans cette situation, il est recommandé d'analyser les enjeux qui peuvent provoquer un tel sentiment de frustration et travailler sur l'origine du mal-être.

2/ Dans le deuxième cas, le consultant analyse la cause d'une telle réaction chez la personne accompagnée. Sachant que dans la plupart des cas traités, la peur du changement éveille un sentiment de méfiance chez la personne accompagnée, qui peut se traduire par une opposition à chaque tâche ou perspective proposées par le consultant, le coach ou le thérapeute. Malgré les inconvénients des situations fortement inconfortables, nous trouvons bien souvent chez les sujets, une zone de confort qui les immobilise et les maintiens inactifs.

Si nous considérons la peur du changement comme étant un des éléments majeurs de la résistance, nous pouvons transformer cette émotion immobilisante en élément moteur. Lorsque le sujet a peur de quitter sa zone de confort, il est probable qu'il estime les inconvénients subis moins éprouvants que ceux qu'il pourrait subir en acceptant le changement. Notre intervention, par des questions appropriées à chaque situation, peut être le déclencheur d'une prise de conscience considérable.

Souvent, lorsque le sujet identifie sa peur et se l'approprie, il trouve par lui-même un moyen de la canaliser en adaptant ses solutions et en mettant en place une stratégie efficace.

↘ Questions souvent posées :

- De quoi avez-vous peur ?

- Cette situation est-elle un inconvénient ?

- Je constate que ma question vous a mis en colère, qu'est-ce que vous voulez exprimer ?

- Si vous n'aviez pas peur, comment auriez-vous agi ?

- Imaginons que vous ayez réussi à vaincre votre peur, comment avez-vous fait pour y arriver ?

Candidat : *Je ne sais pas si je serai capable de... (une réflexion qui revient souvent en bilan).*

LH : Qu'est-ce qui vous fait dire que vous n'en seriez pas capable ? Avez-vous déjà essayé ?

C : *Mmm, je me dis que si j'essaye de quitter mon poste pour un autre poste, je perdrai mon ancienneté, le treizième mois, la possibilité d'évoluer.*

LH : Et si vous restez au même poste, que risquerez-vous ?

C : *Je risque de stagner, de ne plus évoluer et de déprimer.*

LH : Imaginons que dans dix ans vous êtes au même poste et dans la même entreprise, que ressentez-vous ?

C : *Un sentiment d'échec, je risque de m'en vouloir énormément de ne pas avoir bougé quand il était encore temps.*

LH : Qu'est-ce qui pourrait vous aider à changer ?

C : *J'ai besoin de savoir où je vais, d'analyser les risques et de mettre en place une stratégie pour les éviter.*

Souvent, nous constatons que les besoins sont à l'origine de la peur : besoin de sécurité, besoin de reconnaissance, besoin de réalisation de soi, besoin d'autonomie, besoin d'aimer et d'être aimé. En questionnant les peurs, le consultant peut accéder aux besoins de la personne. En questionnant les besoins, le sujet peut activer la motivation et débloquer les résistances. En l'occurrence, il arrive ainsi à transformer la peur immobilisante en énergie, moteur pour mettre en place un plan d'action.

Le bilan de compétences est un instrument de changement et les intervenants sont les chefs d'orchestre. Même si la personne décide de conserver son métier, une prise de conscience s'opère et favorise l'estime de soi et la réalisation du projet latent depuis plusieurs années. De là vient ma constatation que la mise en place du changement peut prendre du temps et se faire par étapes, et bien longtemps après le bilan.

En conclusion, cette partie se voulait un aperçu de ce qu'un consultant en bilan aura besoin de connaître au cours de sa vie professionnelle. Néanmoins, ce chapitre n'est pas une énumération exhaustive de tous nos besoins. Il peut cependant en aider certains à se sentir moins isolés lorsqu'ils rencontrent une problématique un peu particulière. En effet, le métier de consultant mérite une remise en question permanente, en mettant à jour nos connaissances régulièrement.

Ce qui peut nous aider en général est d'admettre que nous ne savons pas, et d'aller chercher la solution dans les formations, les échanges de pratiques, et aussi dans les livres et les séminaires. Autrement, nous pouvons vite faire du sur-place au lieu de faire du sur-mesure.

J'espère que vous aurez apprécié cette lecture, qu'elle vous amènera à appliquer certaines recommandations qui vous semblent pertinentes. Mais aussi qu'elle vous encouragera à aller beaucoup plus loin que moi dans la réflexion !

Conclusion

Nous arrivons au terme de ce manuscrit. J'ai envie de dire, aujourd'hui, que plus j'acquiers de l'expérience et plus j'ai envie d'explorer la richesse de l'être l'humain. Il est clair que le modèle du monde diffère en fonction de chaque personne qui se présente en bilan, à nous, consultants, de nous adapter, en faisant appel à notre créativité et ouverture d'esprit. Compte tenu de la diversité des approches, à chacun de faire un choix selon sa personnalité et ses convictions.

La société évolue au rythme des nouvelles technologies, dès qu'une méthode apparaît elle est déjà dépassée par une nouvelle approche se voulant plus efficace. Coachs, consultants et psychologues restons à l'affût de toutes les nouvelles techniques susceptibles de nous aider à adapter nos pratiques à une demande constante d'efficacité et de modernité.

Comment répondre à l'avenir aux besoins d'un public qui change de poste ou d'entreprise tous les deux à trois ans en moyenne, qui ne craint pas la prise de risque et qui s'ouvre aux métiers de l'international, si nous restons nous-mêmes avec des idées bien arrêtées ?

Vous avez certainement, comme moi, exploré de nouvelles astuces qui ont fait leurs preuves, alors partageons nos idées et, ensemble, faisons de ce métier un moyen de réorientation et d'épanouissement. Œuvrons pour redorer l'image du bilan qui est considéré comme inutile par certains DRH.

Ce manuscrit n'est pas exhaustif et je continue à faire évoluer mes pratiques en espérant revenir vers vous prochainement avec de nouvelles expériences. En puisant dans mon expérience acquise jour après jour au sein de mon cabinet, j'espère réellement pouvoir ajouter une pierre à notre édifice. En conséquence, je reste friande de vos commentaires instructifs que vous pouvez me communiquer par l'intermédiaire de mon profil LinkedIn ou via la page contact de mon site : www.carrieres-conseils.com.

Au plaisir d'échanger avec vous !

Liliane Helt

Remerciements

Je remercie chaleureusement et d'une manière particulière ma fille Jessica qui m'a lue, corrigée et encouragée tout au long de cette rédaction.

Je remercie également mon assistante Hayet, qui m'encourage au quotidien, pour sa relecture et ses conseils pertinents.

Je remercie aussi tous ceux et celles qui m'ont chalengée et m'ont permis de pousser mes limites. Par souci de confidentialité, je ne citerai pas vos noms, mais j'espère que vous arriverez à vous reconnaître.

Bibliographie

Amar P., Angel P., *Le Coaching*, Paris, PUF, 2005.

Anstett J., « Faire carrière ! », publié dans *La Presse* le 29 novembre 2003 et retranscrit sur *Portailrh.org*.

URL : http://www.portailrh.org/votre_emploi/fiche_lapresse.aspx?f=13883

Aubret J., *Bilan de compétences et mutations : l'accompagnement de la personne*, Bern, Peter Lang, 2004.

Aubret J., Blanchard S., *Pratique du bilan personnalisé*, Paris, Dunod, 2005.

Blanchet A., Gotman A., *L'Enquête et ses méthodes : l'entretien*. Paris, Nathan, 1992.

Blanchard H., *Le Coaching centré sur la solution*, Paris, InterEditions, 2012.

Bordin E., "The generalisability of the psychoanalytic concept of the working alliance". *Psychotherapy: Theory, Research and Practice*, 16, 252-260, 1979.

Callahan S., Chappelle F., *Les Thérapies cognitives et comportementales*, Paris, Dunod, 2016.

Cannio S., Launer V., *Cas de coaching*, Paris, Eyrolles, 2008.

Chauvet A., « Bilan de compétences et aide à l'explicitation », *Les pratiques de l'entretien d'explicitation*, Nogent-le-Rotrou, ESF Éditeur, 1997.

Collot E., GEAMH, *L'Alliance thérapeutique, fondements et mise en œuvre*, Paris, Dunod, 2011.

Cungi C, *L'Alliance thérapeutique*, Paris, Retz, 2006.

Durant D., *Que sais-je ?* « La systémique », Paris , PUF, 1979.

Espinoza J., « L'ADVP, une méthode canadienne d'orientation professionnelle », publié sur *Blogtestipc.fr* le 29 octobre 2013.

URL : http://blogtestipc.fr/articles/ladvp-une-methode-canadienne-dorientation-professionnelle/

Joras M., *Que sais-je ?* « Le Bilan de compétences », Paris, PUF, 2007.

Kohut H., *Le Soi*, Paris, PUF, 1974.

Lamy F., Moral M., *Les Outils du coach. Bien les choisir, bien les organiser*, Paris, InterEditions, 2011.

Leblanc L., Séguin M., *La Relation d'aide. Concepts de base et interventions spécifiques*, Montréal, Logiques, 2001.

Lemoine C., *Se former au bilan de compétences : comprendre et pratiquer la démarche*, Paris, Dunod, 2014.

Maslow A., *Être humain,* Paris, Eyrolles, 2006.

Maslow A., *Devenir le meilleur de soi-même*, Paris, Eyrolles, 2008.

Rogers C., *La Relation d'aide et la psychothérapie*, Issy-les-Moulineaux, ESF Éditeur, 1942.

Rogers C., *Le Développement de la personne*, Paris, Dunod, 1966.

Rogers C., *Liberté pour apprendre ?*, Paris, Dunod, 1971.

Rogers C., Richon H., Kirschenbaum H., Land-Handerson V., *L'Approche centrée sur la personne : Anthologie de textes présentés par Howard Kirschenbaum et Valérie Land-Handerson*, Genève, Ambre, 1989.

Rosenberg M., *Les mots sont des fenêtres*, Paris, Éditions La Découverte, 2002.

Rosinski P., *Le coaching Interculturel*, Paris : Dunod.

Salomé J., *Relation d'aide et formation à l'entretien*, Lille, Presses universitaires du Septentrion, 1993.

Stober D., Grant A., *Evidence Based Coaching Handbook,* New Jersey, John Wiley & Sons, Inc, 2006.

Therry J., *Rapport de préconisations concernant « Les Évolutions du bilan de compétences »* du COPANEF, publié sur *Fpspp.org*, 2015.

URL : http://www.fpspp.org/portail/resource/filecenter/document/042-000023-077/rapport-bc-copanef-7avril2015.pdf

Valette-Florence P., *Les Styles de vie, Bilan critique et perspectives*, Paris, Nathan, 1987.

Edition : Books on Demand,
12/14 rond-Point des Champs-Elysées, 75008 Paris
Impression : BoD - Books on Demand, Norderstedt, Allemagne
ISBN : 9782322190669
Dépôt légal : janvier 2020